Ar

Di

Annabelle Jänchen

Die dritte Stimme

Migration in der jüngeren deutschsprachigen Literatur

Mit einem Vorwort von Prof. Dr. Georg Witte

Tectum Verlag

Annabelle Jänchen
Die dritte Stimme. Migration in der jüngeren deutschsprachigen Literatur
© Tectum – ein Verlag in der Nomos Verlagsgesellschaft, Baden-Baden 2019
ISBN: 978-3-8288-4314-1
E-Book: 978-3-8288-7251-6

Umschlaggestaltung: Tectum Verlag
Printed in Germany

Besuchen Sie uns im Internet
www.tectum-verlag.de

Bibliografische Informationen der Deutschen Nationalbibliothek
Die Deutsche Nationalbibliothek verzeichnet diese Publikation
in der Deutschen Nationalbibliografie; detaillierte bibliografische
Angaben sind im Internet über http://dnb.d-nb.de abrufbar.

Vorwort

Die Idee für die vorliegende Masterarbeit entstand im Rahmen des Se-
minars „Roots and Routes: Reisen im neuen Europa" am Osteuropa-
Institut der Freien Universität Berlin (Wintersemester 2016/17). Das
Seminar verknüpfte kulturtheoretische Diskussionen mit literarischen
Textlektüren und eröffnete eine Spannbreite an Raumvorstellungen, die
sich weg von essentialistischen, territorialen Identitäten hin zu offenen,
transitorischen Raumvorstellungen im postsozialistischen Osteuropa
entwickeln.

In Anlehnung an Carmine Chiellinos Konzept einer interkulturellen Literatur behandelt die vorliegende Studie eine Literatur von Au-
tor/innen der „dritten Stimme", die bei Ankunft im Gastland noch Kinder waren und mit Deutsch als zweiter Muttersprache groß wurden –
im Unterschied zu Autor/innen der „ersten Stimme", die auch nach der
Immigration in ihrer Herkunftssprache schreiben, und solchen der
„zweiten Stimme", die als erwachsene Immigranten bewusst ins Deutsche als Schreibsprache wechseln. Vor allem Autor/innen mit russischer
bzw. sowjetischer Herkunft stehen im Mittelpunkt der Studie. Die drei
exemplarisch untersuchten Romane jüngerer Autor/innen aus der erst-
genannten Gruppe – Olga Grjasnowas „Der Russe ist einer, der Birken
liebt", Sasha Marianna Salzmanns „Außer sich" und Dimitrij Kapitelmans „Das Lächeln meines unsichtbaren Vaters" – werden vor dem
Hintergrund etablierter Themen der russisch-deutschen Migrationsliteratur untersucht. Dies wird anhand einiger Romane von Vertreter/in-
nen der „zweiten Stimme" – Wladimir Kaminer, Vladimir Vertlib,
Nellja Veremej und Olga Martynowa – abgehandelt. Die damit implizierte Frage nach potentiellen Differenzmerkmalen der Literatur der
jüngeren Autor/innen ist aber keineswegs auf die enge Dimension der
innerliterarischen Entwicklung beschränkt. Sie wird vielmehr vor einem

prinzipielleren Problemhorizont transkultureller Forschungsaufgeworfen – eben das macht die konzeptuelle Stärke dieser Arbeit aus.

Vor dem Beginn der vergleichenden Untersuchung wird nach der Legitimität des Begriffs der Migrationsliteratur überhaupt gefragt. Es sind ja nicht zuletzt Autor/innen der jüngeren Generation, die sich vehement gegen den exotisierenden und marginalisierenden, die Werke der betreffenden Autor/innen in eine thematische Schublade steckenden Begriff der Migrationsliteratur wenden. Vor diesem Hintergrund ist die Frage nach den Unterschieden der jüngeren „Migrationsliteratur" also nicht zuletzt die Frage nach der Verungültigung solcher Kategorisierungen durch die betreffende Literatur selbst.

Annabelle Jänchen hat aufgrund einer konzeptuell klar profilierten und argumentativ prägnant elaborierten Fragestellung, eines signifikanten Textkorpus, einer ausgezeichneten Kenntnis und zielsicheren Einbeziehung der Forschungsliteratur und einer konzisen analytischen Textlektüre eine beeindruckende und thematisch sehr relevante und aktuelle Studie hervorgebracht, die für die aktuelle Diskussion um transnationale und transkulturelle Literatur wichtige Stichworte liefert.

Prof. Dr. Georg Witte, Berlin

6

Inhalt

Einleitung

Allein schon der Begriff „Migrationsliteratur": Dieser ist leider ein sehr schwieriger. Es ist fragwürdig, rassistisch und paternalistisch. Migrationsliteratur in Deutschland ist stets die Literatur, die anders ist, die nicht dazu gehört, nicht bio-deutsch ist. Die einzige Gemeinsamkeit der Migrationsautoren ist übrigens ihre Herkunft und nicht etwa eine ästhetische oder thematische Gemeinsamkeit.[1] (Olga Grjasnowa)

Die Rolle von Sprach- und Kulturwechsel in der Literatur wird aktuell neu diskutiert. 2010 veröffentlichte der interkulturelle Literaturwissenschaftler Carmine Chiellino eine umfangreiche Einführung in die *Interkulturelle Literatur in Deutschland*, in deren Analysen es um Werke von Sprachwechsler/innen[2] wie Franco Biondi und Vladimir Nabokov geht. Auch in der literarischen Öffentlichkeit machen Sprachwechsler/innen mit viel diskutierten Werken auf sich aufmerksam. Die gebürtige Ukrainerin Katja Petrowskaja etwa kam Ende der 1990er mit 29 Jahren nach Berlin und begann dort, Texte auf Deutsch zu verfassen. 2014 erschien ihr renommierter Erzählband *Vielleicht Esther*. Mit Auszügen aus dem Werk gewann sie 2013 bereits den Bachmann-Preis, der im Rahmen der „Tage der deutschsprachigen Literatur" jährlich vergeben wird und als eine der wichtigsten Auszeichnungen für deutsche Literatur gilt. Bereits im Jahr zuvor ging der Preis an Olga Martynova, die ähnlich wie Petrowskaja mit Ende zwanzig nach Deutschland kam und heute Lyrik auf Russisch und Prosa auf Deutsch verfasst.

Auch die in Aserbaidschan geborene Schriftstellerin Olga Grjasnowa ist eine Sprachwechslerin. In den 1990ern siedelte sie als Elfjährige mit ihrer Familie nach Deutschland über. Mit ihren Romanen *Der Russe ist einer der Birken liebt* (2012), *Die juristische Unschärfe einer Ehe* (2014) und *Gott ist nicht schüchtern* (2017) hat sie als deutschsprachige Schriftstellerin große Erfolge gefeiert. Sie ist jedoch auch für ihre strenge Ablehnung des Begriffs „Migrationsliteratur" bekannt – eine Kategorie, in die sie als deutsche Autorin „mit Migrationshintergrund" immer wieder

---

[1] o.V. „Olga Grjasnowa findet Label ‚Migrationsliteratur' unsäglich" 2017.
[2] Hierbei handelt es sich um Personen, die in der Regel durch Migration von einer Sprache A zu einer anderen Sprache B wechseln. Dies kann – oft nach mehreren Generationen – in einen kompletten Sprachwechsel münden oder zu Mehrsprachigkeit mit Dominanz einer Sprache führen.

unfreiwillig gesteckt wird. Grjasnowa macht darauf aufmerksam, dass der Einfluss von Sprachwechsler/innen auf Nationalliteraturen nichts Neues sei, habe es doch schon bei Tolstoi lange Dialoge in Französisch, Englisch und Deutsch gegeben und seien bekannte Schriftsteller des 19. und 20. Jahrhunderts wie Joseph Conrad und Vladimir Nabokov schon Sprachwechsler gewesen.[3] Sie kritisiert daher, dass eine ihrer Meinung nach alte literarische Tradition heute mit dem abwertenden Label „Migrationsliteratur" lediglich neu etikettiert werde. Migration sei zum Modethema geworden – wie in der Politik, so auch in der Germanistik. Dies aber literaturwissenschaftlich am Inhalt oder Stil nachzuweisen, sei „noch niemandem gelungen."[4] Was Grjasnowa offensichtlich fordert, ist eine Betrachtung ihrer Literatur auf Augenhöhe mit deutscher Literatur „ohne Migrationshintergrund".

Ihre provokante Aussage, Migrationsautor/innen würden einzig über ihre Herkunft definiert, anstatt über ästhetische und thematische Gemeinsamkeiten, soll zum Anlass einer literaturwissenschaftlichen Überprüfung des problematischen Begriffs der Migrationsliteratur genommen werden. Die vorliegende Arbeit beleuchtet das Verhältnis von Literatur und Migration unter vielfältigen Aspekten. An Beispielen aus der Prosa deutschsprachiger Autor/innen „mit Migrationshintergrund" wird untersucht, inwiefern Interkulturalität Gegenstand von Literatur ist und diese in ihrer Ästhetik beeinflusst. Die Fülle der Texte macht eine Einschränkung auf einen speziellen Fragenhorizont und bestimmte Autor/innen notwendig. Die Analyse der literarischen Texte konzentriert sich daher auf Werke von Autor/innen, die in der ehemaligen Sowjetunion geboren wurden und später nach Deutschland emigrierten. Diese Arbeit verfolgt damit einen Ansatz, der Olga Grjasnowas Ansicht widerspricht und bewusst Autor/innen aufgrund ihrer gemeinsamen Herkunft als Gruppe zusammenfasst. Die Texte der Autor/innen werden vergleichend analysiert mit dem Ziel, die These Grjasnowas anhand literaturwissenschaftlicher Methoden zu überprüfen. Das in Grjasnowas Augen zu erwartende Ergebnis einer solchen Analyse wäre die Erkenntnis, dass die Texte kaum oder keine inhaltlichen und ästhetischen Gemeinsamkeiten aufweisen.

Die Untersuchung der Primärliteratur erfolgt in Anlehnung an Carmine Chiellinos Konzept der „Topographie der Stimmen".[5] Er unterteilt interkulturelle Autor/innen in neun Stimmen, von denen für diese Arbeit vor allem die ersten drei von Interesse sind. Migrierte Autor/innen, die in den Ankunftsländern weiterhin ihre Herkunftssprache als Mittel ihrer Kreativität nutzen, sind Vertreter/innen der ersten Stimme. Zu ihnen zählen etwa Sergej Bolmat, Zaza Burchuladze und Maria Rybakova aus den postsowjetischen Staaten. Unter der zweiten Stimme subsumiert Chiellino Autor/innen, die für ihre literarischen Arbeiten im Zuge ihrer Emigration ins Deutsche wechselten. Zu ihnen gehört ein Großteil der deutschsprachigen Gegenwartsautor/innen, die in den ehemaligen

---

[3] Vgl. o.V. „Olga Grjasnowa findet Label ‚Migrationsliteratur' unsäglich" 2017.
[4] Ebd.
[5] Vgl. 2001, S. 54ff.

Sowjetrepubliken aufgewachsen sind, wie etwa Wladimir Kaminer, Nellja Veremej oder Vladimir Vertlib. Die dritte Stimme ist jene mehrsprachige Stimme der Autor/innen, die bei ihrer Ankunft im neuen Land oft noch Kinder waren und im sozialen und schulischen Umfeld Deutsch als Muttersprache sprechen und die Muttersprache der Eltern nur in der familiären Umgebung verwenden. Es sind Autor/innen wie Olga Grjasnowa, Sasha Marianna Salzmann und Dimitrij Kapitelman, deren Werke im dritten Teil dieser Arbeit untersucht werden.

Inwiefern greifen nun diese in Deutschland aufgewachsenen und sozialisierten Autor/innen inhaltliche und formale Charakteristika und Trends der klassischerweise als „Migrationsliteratur" verstandenen Werke der zweiten Stimme auf? Ist Olga Grjasnowas Kritik berechtigt und wird Literatur von Autor/innen der dritten Stimme zu Unrecht als Literatur der Migration klassifiziert? Oder lassen sich sogar bestimmte Spezifika feststellen, die typisch für die dritte Stimme sind? Eröffnen Autor/innen, die während der Migration noch Kinder waren, neue Perspektiven auf den Migrationsdiskurs?

Um sich der Thematik anzunähern, stellt das erste Kapitel zunächst den Begriff der Migrationsliteratur in Wissenschaft und Literaturbetrieb in den Fokus. Einleitend wird bereits die Diskussion, die unter den sogenannten „Migrationsautor/innen" selbst geführt wird, den Kern der Problematik aufzeigen: Nicht die Kategorisierung von Schriftsteller/innen nach ihrer Herkunft, sondern die damit verbundenen Zuschreibungen werden kritisiert. Jene Zuschreibungen im Blick behaltend, wird ein Überblick über die aktuelle Forschungsdiskussion in der Germanistik erarbeitet und dem Konzept der Migrationsliteratur werden ähnliche Konzepte wie das der interkulturellen Literatur gegenübergestellt. Das zweite Kapitel der Arbeit bestimmt anhand von Werken von Autor/innen der zweiten Stimme Charakteristika migratorischer Literatur. Hierfür werden vor allem Eva Hausbachers *Poetik der Migration* (2009), Adrian Wanners Aufsatz zu „Russian Hybrids" (2008) und Beiträge aus Helmut Schmitz' Sammelband *Von der nationalen zur internationalen Literatur* (2009) herangezogen. Ergänzt werden sie durch eine Reihe weiterer Untersuchungen, unter anderem von Nora Isterheld und Helena Reinhardt. Ein *close reading* von Olga Grjasnowas *Der Russe ist einer, der Birken liebt* (2012), Sasha Marianna Salzmanns *Außer sich* (2017) und Dimitrij Kapitelmans *Das Lächeln meines unsichtbaren Vaters* (2016) im letzten Kapitel ermöglicht anschließend einen Vergleich klassischer Migrationstexte mit denen der dritten Stimme. Es sei jedoch angemerkt, dass es nicht Anspruch dieser Arbeit ist, auf diese Weise einen Normenkatalog zu erstellen, sondern einen Beitrag zur aktuellen Diskussion um die Existenz einer Literatur der Migration zu leisten und darüber hinaus Facetten der deutschsprachigen Gegenwartsliteratur aufzuzeigen.

1. „Literatur, die anders ist, die nicht dazu gehört"[6] Diskurse über den Begriff „Migrationsliteratur"

In den frühen 1980er Jahren verstanden sich ausländische Autor/innen in Deutschland als Gastarbeiterliteraten, darunter Franco Biondi, Jusuf Naoum, Rafik Schami, Suleman Taufiq und Gino Chiellino. Biondi und Schami erarbeiteten ein Manifest der „Literatur der Betroffenheit".[7] Sie forderten darin eine Auflösung nationaler Kategorisierung von Literatur zugunsten einer multinationalen Betrachtung. Um 1990 wurde der Begriff der Gastarbeiterliteratur vermehrt vom Begriff der Migrationsliteratur abgelöst,[8] was jedoch kaum zu einer Aufhebung der Kategorisierung von Literatur nach Herkunft führte. Noch heute kritisieren Autor/innen wie Marica Bodrožić, Saša Stanišić oder Terézia Mora die Einordnung ihrer Literatur als „Migrationsliteratur". Anders als die Gastarbeiterliteraten bemängeln sie jedoch in erster Linie, dass ihre Literatur immer als „anders", nie jedoch einfach nur als deutsche Literatur wahrgenommen wird.

1.1 Die Rezeption des Begriffs bei Autor/innen mit Migrationshintergrund

„[F]ragwürdig, rassistisch und paternalistisch"[9] – das sind die plakativen Begriffe, mit denen die in Aserbaidschan geborene Autorin Olga Grjasnowa den Begriff der Migrationsliteratur beschreibt. Auch für den in der Türkei geborenen Autor Feridun Zaimoğlu ist die ein „tote[r] Kadaver"[10] und „Ekelbegriff"[11]. Beide bemängeln, dass der Begriff die Autor/innen einzig über ihre nicht-deutsche Herkunft definiere, statt über ästhetische und thematische Gemeinsamkeiten. Grjasnowa fordert eine Entkategorisierung von Literatur: „Wenn man einfach den

---

[6] o.V. „Olga Grjasnowa findet Label ‚Migrationsliteratur' unsäglich" 2017.
[7] Vgl. Biondi, Franco/Schami, Rafik (1981): „Literatur der Betroffenheit. Bemerkungen zur Gastarbeiterliteratur", in: Schaffernicht, Christian (Hrsg.): *Zu Hause in der Fremde. Ein Ausländerlesebuch.* Fischerhude: Atelier im Bauernhaus, S. 124f.
[8] Vgl. etwa Reeg 1988, Rösch 1992.
[9] o.V. „Olga Grjasnowa findet Label ‚Migrationsliteratur' unsäglich" 2017.
[10] Zaimoğlu/Abel 2006, S. 162.
[11] Ebd., S. 166.

Begriff Migrationsliteratur streichen und Literatur übrig bleiben könnte"[12]. Andere Autor/innen begehren weniger drastisch gegen die Kategorisierung ihrer Literatur aufgrund ihrer Herkunft auf, fordern jedoch die Auflösung bestimmter Zuschreibungen, die aus der Zeit der Gastarbeiterliteratur noch heute auf sie angewendet würden. Sie wehren sich gegen das Verharren im Dazwischen, auf das ihre Literatur in der Wissenschaft reduziert werde und die Funktion als Nischenliteratur in der Rezeption. Poetische Einfälle würden ihnen aberkannt und als bloße Übersetzungen aus der Muttersprache verstanden.[13] Die in Kroatien geborene Schriftstellerin Marica Bodrožić kritisiert vor allem das Konzept der Fremdheit, das ihr als Migrantin und Autorin zugeschrieben wird:

> Eigentlich habe ich eher den Eindruck, dass ich mich hier überhaupt nicht fremd fühle und dass mich das Wort ‚Migration' oder ‚Migrationsliteratur' ein bisschen hinauswirft aus einem Zustand, in dem ich mich längst befinde: einem Zustand der Normalität im Umgang mit der Sprache, mit der Literatur, mit meinem Leben in einer Stadt wie Berlin.[14]

Dieser Kritik schließen sich die meisten ihrer Kolleg/innen an. Terézia Mora etwa hat „nichts dagegen, Ungarin zu sein – zur Hälfte –, aber ich habe etwas dagegen, in Deutschland bis ans Ende meines Lebens die Berufs-Fremde geben zu müssen."[15] Navid Kermani, als Sohn iranischer Einwanderer in Deutschland geboren, fühlt sich „ständig von ethnisch-deutscher Seite in die Fremden-Ecke geschoben".[16] Er spricht der Migrationsliteratur dennoch eine Sonderposition zu, insbesondere gegenüber der deutschsprachigen Literatur ohne Migrationshintergrund:

> Die Welt, die in den Büchern der hier versammelten Autoren auftaucht, die politischen Erfahrungen dahinter – Revolutionen, Kriegsgefangene, Kriegsgefallene in der eigenen Familie – all dies macht aber unsere politischen oder literarischen Biografien vielleicht reicher. Zumindest könnten wir aus einem größeren Archiv schöpfen als andere deutsche Autoren unserer Generation. Und diese Literatur mit einem anderen kulturellen Blick, geschrieben von Autoren, die keine rein deutschen Biografien haben, interessiert mich auch als Leser mehr als vieles, was an jüngerer Literatur aus rein westdeutscher Sicht geschrieben wird.[17]

Er zeigt, dass Migrationsliteratur als „Literatur mit einem anderen kulturellen Blick", deren Sonderstatus nicht negativ konnotiert ist, als reichhaltig verstanden

---

[12] Ebd.
[13] Vgl. ebd., S. 51.
[14] Marica Bodrožić zit. nach Braun 2010.
[15] o.V. „Ich bin ein Teil der deutschen Literatur, so deutsch wie Kafka" o.D.
[16] Ebd.
[17] Ebd.

werden sollte. Auch der aus Bosnien und Herzegowina[18] stammende Autor Saša Stanišić verwehrt sich einer Kategorie der Migrationsliteratur nicht gänzlich, wenn er in seinem Essay „Three Myths of Immigrant Writing: A view from Germany" (2008) versucht, Fehleinschätzungen dieser Kategorie aufzuklären und Literatur aus seiner Sicht als Immigrant genauer zu umreißen. Er beschreibt drei Mythen, die über Migrationsliteratur verbreitet werden und die es zu entkräften gelte: „Myth 1: Immigrant literature is a philological category of its own, and thus comprises a fruitful anomaly in relation to national literatures."[19] Es sei, so Stanišić, grundsätzlich falsch, von *der einen* Migrationsliteratur zu sprechen, da die hierunter gefassten Autor/innen, deren Biografien sowie sozialen, kulturellen und religiösen Hintergründe und ihre Literatur so stark variierten, dass es kaum möglich sei, sie in einer Kategorie zu versammeln. Stattdessen schlägt er vor, Migrationsliteratur*en* in Pluralen, in neuen, kleineren Einheiten zu denken. Wie Grjasnowa plädiert er außerdem für eine Konzentration auf Inhalte anstelle von Autorenbiografien: „The goal of objective judgment should be to overcome the fixation on an author's biography and move to a thematically-oriented view of the work."[20]

Mit seinem zweiten Mythos problematisiert Stanišić Thematiken, die der Migrationsliteratur zugeschrieben werden: „Immigrant literature deals monothematically with migration and multicultural issues. Immigrant authors have a closer and thus more authentic perspective on related questions".[21] Hier deutet sich an, was die Literaturwissenschaftlerin Marie-Noëlle Faure als „Exotismus-Falle" bezeichnet: Den Autor/innen mit Migrationshintergrund werden bestimmte Charakteristika wie Authentizität und die Rolle eines Sprechers für ein Migrantenkollektiv zugeschrieben.[22] Um dieser Falle zu entgehen, so schreibt Stanišić, sollte nicht nur der Teil des Werkes eines Autors betrachtet werden, der von autobiografischen Migrationserfahrungen berichtet, sondern auch das Werk danach, wenn die „exilestory" bereits erzählt ist.[23] Eine solche Verschiebung des Fokus findet sich in den literarischen Arbeiten Stanišićs wieder,[24] doch ob dies eine gängige Entwicklung ist, bleibt zu prüfen.

Der dritte von Stanišić beschriebene Mythos befasst sich mit dem für die Migrationsliteratur vielleicht wichtigstem Thema, der Sprache: „An author who

---

[18] Zum Zeitpunkt von Stanišićs Geburt noch Teilrepublik der Sozialistischen Föderativen Republik Jugoslawien.

[19] Stanišić 2008.

[20] Ebd.

[21] Ebd.

[22] Vgl. 2015, S. 49.

[23] Vgl. Stanišić 2008.

[24] Sein autobiografisch geprägter Debütroman *Wie der Soldat das Grammofon repariert* (2006) erzählt die Geschichte eines Jungen, der in den 90er Jahren aufgrund des Bosnienkrieges mit seinen Eltern nach Deutschland flüchten muss. Der zweite Roman *Vor dem Fest* (2014) dagegen widmet sich einem uckermärkischen Dorf und dessen Bewohnern – ein Werk, das inhaltlich kaum einer Literatur der Migration zugeschrieben wird.

doesn't write in his mother tongue enriches the language he has chosen to write in".[25] Vielmehr sei das Schreiben selbst, so Stanišić, eine Fremdsprache, die immer wieder neu erlernt werden müsse. Die Stimme des Erzählers, die verbalen Charakteristika der Figuren und der Rhythmus des Textes müssten neu gefunden werden. Außerdem sei eine Bereicherung der Sprache (etwa durch Wortneuschöpfungen) nicht ausschließlich die Aufgabe von Immigrant/innen: „Writers, indeed anyone, can (and should) use the privilege to make a language bigger, better, and more beautiful by planting a wordtree here or there, one never grown before".[26]

Das Exotische, das Fremde, die Figur des Grenzgängers, der entwurzelten Person, gefangen in einer Situation des Dazwischen, die die Stimme eines Migrantenkollektivs vertritt, das sind die mit der Migrationsliteratur verknüpften Konzepte, welche Autor/innen wie Grjasnowa und Stanišić bemängeln. Sie fordern, um mit Faure zu sprechen, eine „Neubestimmung des Deutschseins, das Heterogenität und Hybridität miteinbeziehen würde."[27] In diesem neuen Verständnis wären, so Stanišić, „Immigrant authors […] no longer a marginal phenomenon, but a significant reference point with almost-mainstream qualities (a good thing, because it rids the work of the exotic)."[28]

Bis auf Navid Kermani sind alle der oben genannten Autor/innen Preisträger/innen des Adelbert-von-Chamisso-Preises der Robert Bosch Stiftung, der bis zu seiner Einstellung im Jahr 2017 als ein wichtiger Bestandteil der öffentlichen Rezeption von Migrationsliteratur galt.[29] 1984 wurde der Preis auf Initiative von Harald Weinrich und der Robert Bosch Stiftung für bedeutende Beiträge zur deutschen Literatur von Autor/innen nichtdeutscher Muttersprache gestiftet und jährlich vergeben. Zu Beginn richtete er sich an Werke der Gastarbeiterliteratur, später entwickelte sich der Begriff der „Chamisso-Literatur"[30]. Die Robert Bosch Stiftung erhoffte sich durch die Förderung von Schriftsteller/innen mit Migrationshintergrund neue Perspektiven für die deutsche Literatur zu schaffen und das Zusammenleben von Deutschen und Ausländern zu stärken.[31] Diesen Ansprüchen gerecht zu werden, stellte den Chamisso-Preis jedoch vor allem vor das Problem der Zuordnung. Die Preisbeschreibung änderte sich im Laufe der Jahre immer wieder: So wurden aus Autor/innen „nichtdeutscher Muttersprache" zunächst

---

[25] Stanišić 2008.

[26] Ebd.

[27] 2015, S. 54.

[28] Stanišić 2008.

[29] Terézia Mora erhielt 2000 den Förderpreis, Marica Bodrožić 2003 und Olga Grjasnowa 2015. Saša Stanišić erhielt 2008 den Hauptpreis, Feridun Zaimoğlu 2005. Später war Zaimoğlu außerdem Jurymitglied.

[30] Zur wissenschaftlichen Bearbeitung des Begriffes siehe etwa Lamping, Dieter (2011): „Deutsche Literatur von nicht-deutschen Autoren. Anmerkungen zum Begriff der ‚Chamisso-Literatur'", in: *Chamisso – Viele Kulturen – eine Sprache.* Robert Bosch Stiftung, März 2011/5, S. 18-21 oder Hodaie, Nazli/Malaguti, Simone (2017): „Zur Einführung: Die Chamisso-Literatur", in: *Zeitschrift für Interkulturellen Fremdsprachenunterricht.* April 2017/1, Jahrgang 22, S. 1-5.

[31] Vgl. Esselborn 2004, S. 317f.

Autor/innen, die „aus einer Einwandererfamilie stammen oder Deutsch in einem nichtdeutschen Sprach- oder Kulturraum erlernt haben"[32] und später „auf Deutsch schreibende Autoren, deren Werk von einem Kulturwechsel geprägt ist und die ein außergewöhnlicher, die deutsche Literatur bereichernder Umgang mit Sprache eint."[33] Doch allerhand Fragen blieben offen:

> Sollte die Biographie der Autoren, ihre Staatsangehörigkeit, die Fremd- oder Zweitsprache Deutsch, das Leben in Deutschland entscheidend sein? [...] War ein Gefühl der Zugehörigkeit, ein Integrationswunsch, die Hoffnung auf kulturelle Synthesen vorausgesetzt? Sollte auf deutsch oder in einer Sprachmischung [...] oder teilweise oder gleichzeitig in der fremden Muttersprache geschrieben und (selbst?) übersetzt werden? Welche Themen und Inhalte – etwa Kulturunterschiede oder existentielle Erfahrungen der Fremde und Distanz – wurden konkret erwartet? Wie weit konnten dann vielleicht auch deutsche Autoren, die über Arbeitsmigranten und Ausländer in Deutschland schreiben, berücksichtigt werden? [...] Entsprachen Inhalte, literarische Sprache und Formen eigenkulturellen oder deutschen Traditionen, oder war gerade eine ‚multikulturelle' Mischung typisches Merkmal?[34]

Die zahlreichen Divergenzen haben dazu geführt, dass der Preis 2017 zum letzten Mal vergeben wurde. Im Begleitheft zur Preisverleihung 2017 heißt es außerdem, dass die ausgezeichnete Literatur, obschon zu Beginn noch ein Nischenprodukt, heute „integraler Bestandteil des deutschsprachigen Literaturbetriebs"[35] sei. Der Preis habe zwar vor allem finanzielle Bedeutung für die Arbeit der Autor/innen, fördere aber, so Cornelia Zierau, „die Gettoisierung und Marginalisierung dieser Literatur".[36] Das Ende des Chamisso-Preises soll zu einer Gleichbehandlung von Autor/innen mit Migrationshintergrund führen und sie aus ihrer restriktiven Zuordnung zur Nischen-Literatur und „Fremden-Ecke" befreien.

---

[32] Zit. nach ebd., S. 317.
[33] Vgl. Website der Robert Bosch Stiftung, verfügbar unter: http://www.bosch-stiftung.de/de/projekt/adelbert-von-chamisso-preis-der-robert-bosch-stiftung (27.03.2019)
[34] Esselborn 2004, S. 320.
[35] Dürig 2017, S. 51.
[36] 2009, S. 28.

1.2 „Migrationsliteratur" als Forschungsgegenstand der Germanistik[37]

Beschäftigt man sich mit der literaturwissenschaftlichen Untersuchung des Terminus Migrationsliteratur, so stößt man auf zahlreiche Untersuchungen, die eine Begriffsentwicklung seit Mitte des 20. Jahrhunderts rekapitulieren. Diese skizzieren einen Verlauf von Gastarbeiterliteratur über Ausländerliteratur hin zu Migrationsliteratur und darüber hinaus.[38] Die verschiedenen, manchmal synonym verwendeten Begriffe wie „Literatur zwischen den Kulturen", „Literatur der Fremde", „Brückenliteratur" und „Randliteratur" kennzeichnen Migrationsliteratur als Literatur im „Spannungsverhältnis zwischen ,fremder' Herkunft, Identitätsverlust und -suche, zwischen Sprachlosigkeit und Suche nach neuen sprachlichen Ausdrucksformen".[39] Oft werden diese Begriffe in einer chronologischen oder strukturierten Entwicklung dargestellt, die meisten überlappen sich aber sowohl inhaltlich als auch zeitlich. Sie stellen eher ein Potpourri an Termini dar, die teilweise auf Gleiches referenzieren, sich häufig aber auch voneinander abgrenzen oder dies zumindest anstreben.

Migrationsliteratur taucht in dieser Ansammlung an Begriffen erst spät auf, wurde seitdem jedoch eingehend diskutiert. Eine der frühsten Auseinandersetzungen führte Heidi Rösch in ihrer Dissertation zur *Migrationsliteratur im interkulturellen Kontext* (1992). Sie definiert diese Art der Literatur als belletristische Gegenwartsliteratur, in der sich Migrant/innen gesellschaftskritisch äußern, Ursachen und Folgen von Migration dokumentieren und einen Beitrag zur Multikulturalisierung leisten.[40] Rösch unterscheidet *MigrantInnenliteratur,* die durch die Herkunftsnationalität der Autor/innen bestimmt werde,[41] *Literatur zum Thema Arbeitsmigration,* die Migration rein inhaltlich zum Thema mache[42] und *Migrationsliteratur* als diejenige, die sich weder nur durch die Biografien der Autor/innen, noch durch den inhaltlichen Gegenstand der Migration allein bestimmen lasse. Der inhaltliche Schwerpunkt dieser Texte liege auf der Darstellung eines Übergangs in eine kulturell, sprachlich und räumlich fremde Umgebung aus Perspektive einer unterdrückten Minderheit.[43] Die von Rösch untersuchten Autor/innen schreiben mehrheitlich

---

[37] Ein Vergleich mit den Ergebnissen anderer Philologien wäre durchaus interessant, kann aber aufgrund des begrenzten Umfangs hier nicht realisiert werden. Für eine Gegenüberstellung der Forschungssituationen von Germanistik und Anglistik siehe etwa Höfer, Simone (2007): *Interkulturelle Erzählverfahren: ein Vergleich zwischen der deutschsprachigen Migrantenliteratur und der englischsprachigen postkolonialen Literatur.* Saarbrücken: VDM Verlag Dr. Müller.

[38] Siehe etwa Chiellino 2000b, S. 387ff. sowie Blioumi, Aglaia: „,Migrationsliteratur', ,interkulturelle Literatur' und ,Generationen von Schriftstellern'. Ein Problemaufriß über umstrittene Begriffe", in: *Weimarer Beiträge* 2000/4, Jahrgang 46, S. 595-601.

[39] Hille 2005, 242f.

[40] Vgl. Rösch 1992, S. 8f.

[41] Heidi Rösch berichtet schon 1989 von Autor/innen die sich dagegen wehren, in erster Linie aufgrund ihrer Herkunft und ihrer Biografie einer literarischen Gattung zugeordnet zu werden (vgl. 1992, 31): Die Vorwürfe Grjasnowas und ihrer Generation sind also keineswegs neu.

[42] Vgl. Rösch 1992, S. 34.

[43] Vgl. ebd., S. 12.

nicht in ihrer eigentlichen Muttersprache. Dementsprechend scheinen Werke der Migrationsliteratur, die nicht von Autor/innen mit Migrationshintergrund geschrieben werden, eher eine Ausnahme zu bleiben. Weitere von Rösch genannte Charakteristika unterstreichen diese These: Migrationsliteratur emanzipiere sich gegen die Unterdrückung gesellschaftlicher Randgruppen,[44] sei aber auch eng mit dem Konzept der Fremde verbunden, das „dieser Literatur eine Art metaphorischen Ort bzw. Gehalt jenseits der Bezugsgesellschaften eröffnet".[45]

Auf formaler Ebene ermögliche der Begriff der Migrationsliteratur neue literaturwissenschaftliche Herangehensweisen an entsprechende Texte, die sich nicht mehr auf die Auseinandersetzung mit Inhalten beschränken, sondern literarische Formen sowie Produktions- und Rezeptionsprozesse einbeziehen.[46] Röschs Untersuchung zeigt, dass die Problematik, die Olga Grjasnowa thematisiert, nicht unbekannt ist. Beide fordern, dass entsprechende Schriftsteller/innen nicht mehr subkulturelle Nischen ausfüllen und einer exotischen Bereicherung dienen, sondern Akzeptanz und gleiche Rechte in der Gesellschaft verdienen. Mit ihrer verallgemeinernden Annahme, Migrationsautor/innen seien stets Teil einer Minderheit, widerspricht Heidi Rösch Olga Grjasnowa jedoch. Letztere erwartet keinen „Ausländerbonus", sondern eine Gleichbehandlung mit deutschen Autor/innen. Rösch widmet sich eher dem gesellschaftskritischen Potential der Migrationsliteratur, das Fehlentwicklungen in Kultur und Gesellschaft aufzeigt und Ansätze für Gegenbewegungen bietet.

Auch in jüngeren Untersuchungen wird der Begriff der Migrationsliteratur häufig als beste Option des Begriffs-Potpourris gewählt. Klaus Schenk, Almut Todorov und Milan Tvrdík sprechen sich in ihrem Sammelband *Migrationsliteratur. Schreibweisen einer interkulturellen Moderne* (2004) aufgrund der begrifflichen Offenheit für Migrationsliteratur aus – als „Grenzbegriff, als literarische Perspektivierung von Grenzgängen."[47] Die Herausgeber deuten indes eine Tendenz an, nach welcher Möglichkeiten der Ab- und Eingrenzung in der interkulturellen Literatur schwinden: „Schreibweisen der Migrationsliteratur werden zunehmend zu dem, was sie sind: Schreibweisen einer kulturellen Vielfalt der deutschsprachigen Literatur".[48]

Claire Horst befindet den Begriff der Migrationsliteratur in ihrer Untersuchung *Der weibliche Raum in der Migrationsliteratur* (2007) trotz aller Kritik als sinnvoll, da eine Untersuchung von Literatur dieser Kategorie

> zu erhellenden Ergebnissen führen [kann] – wenn der Aspekt der Migration nicht nur ein Detail der Autorinnenbiografie ausmacht. Wenn außerdem die Wanderung, die Mobilität als ein konstituierendes Element der modernen

---

[44] Vgl. ebd., S. 204.
[45] Ebd., S. 93.
[46] Ebd., S. 36.
[47] S. VIII.
[48] Ebd., S. IX.

Lebensweise angesehen wird, ist die Literatur mehrsprachiger Menschen mit größerer Welterfahrung beispielhaft für zeitgenössische Literatur überhaupt.[49] Die Themen, die die von Horst untersuchten Werke dominieren (Fragen der Zugehörigkeit, Selbstverortung, Selbst- und Fremdwahrnehmung, Raumwahrnehmung, Grenzüberschreitung) seien weniger Teil der Migration, sondern vielmehr Fragen der Moderne. Daher sieht sie in der Migrationsliteratur keine exotische Sondergruppe, sondern einen Teil der deutschsprachigen Literatur, der sich mit der Zugehörigkeit von Individuen zu verschiedenen Kulturkreisen auseinandersetzt.[50] Karin Hoff macht in *Literatur der Migration – Migration der Literatur* (2008) darauf aufmerksam, dass häufig gar nicht die Werke selbst, sondern die Rezensenten die Migration in den Mittelpunkt stellen und erweitert so die Diskussion um Migrationsliteratur um den Einfluss der Literaturkritik.[51]

Eva Hausbacher bevorzugt in ihrer *Poetik der Migration* (2009) den Begriff der Migrationsliteratur, da er „die größte semantische Neutralität und Offenheit für transkulturelle Hybridität zum Ausdruck"[52] bringe. Migrationsliteratur nach Hausbacher meint ausdrücklich Literatur von Migrant/innen, die von den besonderen Umständen ihrer Entstehung gekennzeichnet ist.[53] Demnach ist diese Literatur immer schon durch ihre Personengruppe charakterisiert und wird mit bestimmten Stoffen und Themen assoziiert, leistet zwangsläufig eine Art der Kulturvermittlung und ist autobiografisch geprägt.[54] Hausbacher beschreibt sie außerdem als Texte der

> Situation des Dazwischen, zwischen Identität und Alterität, Vergangenheit und Gegenwart, Innen und Außen. Die Spannung, die zwischen diesen Differenz-Polen entsteht, bringt fest geglaubte Grenzen in Bewegung, macht eindeutige Identitätszuschreibungen unmöglich, bringt Gleichzeitigkeiten, Mehrfachzugehörigkeiten und Unsicherheiten ins Spiel, die sich u.a. in diversen Brüchen in der Narration, Grenzüberschreitungen in der Raum- und Zeitgestaltung und Desorientiertheit der Helden äußern kann.[55]

Sie betrachtet Migrationsliteratur der 90er Jahre in Abgrenzung zu historischer Emigrationsliteratur[56], die von Vertreibung und Exil erzähle und überwiegend im Opferdiskurs verhaftet bleibe. Sie orientiere sich stark an der Nationalliteratur des Herkunftslandes, während sich Migrationsliteratur vermehrt an Literatur und

---

[49] S. 8f.

[50] Vgl. ebd., S. 10.

[51] Vgl. S. 8.

[52] Hausbacher 2009, S. 25.

[53] Ebd.

[54] Vgl. ebd., S. 26.

[55] Ebd., S. 27.

[56] Die Bezeichnung der russischen Emigration („emigracija") bezieht sich zumeist auf die erste Hälfte des 20. Jahrhunderts, als aufgrund des bolschewistischen Sieges ein großer Teil der geistigen Elite gezwungen war, Russland zu verlassen und im Exil zu leben.

Kultur der Aufnahmegesellschaft anlehne.[57] Nicht mehr Leid und Heimatlosigkeit im fremden Land bilden die zentralen inhaltlichen Aspekte der Texte. Stattdessen zeigt Migrationsliteratur hybride Lebensentwürfe – „*between* cultures, *amid* languages, *across* borders".[58] Ihr Leben in zwei Welten und ihre kulturelle Gespaltenheit setzen Künstler/innen demnach in ihren Werken um und intervenieren so „gegen hegemoniale Darstellungsformen".[59] Ihre Literatur zeige multiple Identitätskonstruktionen und bewege sich weg von der dualistischen Vorstellung von „eigen" und „fremd":

> Während Texte von Emigranten von einer gewissen Nostalgie geprägt sind, die sich vom Ort der früheren Heimat nicht lösen kann, zeichnen sich Texte vom (Im-)Migranten dadurch aus, dass sie in die Fremde einzudringen („entering in") und sie zu begreifen suchen. Dazu gehören Neugier und die Fähigkeit, sich auf eine verkehrte Welt einzulassen – „the sensation of having your world turned upside down or inverted"[.][60]

---

[57] Vgl. Hausbacher 2009, S. 33.
[58] Hawley 1996, S. 8.
[59] Hausbacher 2009, S. 135.
[60] Ebd., S. 29.

1.3 Kritik an der „Migrationsliteratur" und alternative Konzepte

Der Überblick über den Begriff der Migrationsliteratur in der Germanistik zeigt, dass der größte Mangel in der Zuschreibung einer Andersartigkeit und Nichtzugehörigkeit bestimmter Autor/innen zur deutschen Literatur besteht. Daher gibt es eine Reihe kritischer Stimmen, die alternative Konzepte vorschlagen. Carmine Chiellino etwa geht in seinem Handbuch *Interkulturelle Literatur in Deutschland* (2000) davon aus, dass deutsche Literatur als „Monokultur" nicht existiert und dass das von ihm untersuchte Phänomen der „interkulturellen Literatur" so alt sei wie die deutsche Literatur selbst.[61] Sein Konzept findet in der Literaturwissenschaft häufig Anwendung. Helmut Schmitz beispielsweise definiert interkulturelle Literatur als eine neue Form des Schreibens nach dem Ende des Kalten Krieges, als Literatur,

> die die Gegensätze von ‚Fremd' und ‚Eigen', Einheimischem und Fremden unterläuft, als eine Literatur der Hybridität und der Patchwork-Identitäten, die sowohl den Gegebenheiten der Globalisierung angemessener sei als auch der multikulturellen Situation in Deutschland selbst. Eine Literatur also, die zum einen die Illusion einer homogenen kulturellen Identität als auch nicht-bipolare und hierarchische Begegnungen mit dem Fremden erfahrbar macht, die Fremdheit artikuliert und die Festschreibung von Fremdheit unterläuft.[62]

Der interkulturelle Roman ist laut Chiellino ein Werk, in dem eine Figur ihre in unterschiedlichen Kulturen erworbenen Erfahrungen zusammentrage und so ihr „eigene[s] interkulturelle[s] Gedächtnis" aufspüre.[63] Chiellino untersucht Erzählperspektive, Gestaltung und Sprachlatenz verschiedener Werke und fokussiert sich damit nicht auf die Biografien der Autor/innen und bloße Inhalte. Er geht davon aus, dass die Gestaltung der Erzählperspektive nicht nur als Erzählrahmen dient, sondern Interkulturalität ausdrücken könne.[64] Als Kernaspekte interkultureller Romane nennt er neben Zwei- oder Mehrsprachigkeit die Thematisierung von sozialen und historischen Kulturkonflikten und die Darstellung von Lebensläufen, die mit der Geschichte eines Landes eng verwoben sind.[65] Es gehe stets um die Begegnung zweier räumlich voneinander getrennter Kulturen, dementsprechend sei auch Reiseliteratur interkulturell.[66] Schmitz greift Chiellinos Gedanken zum interkulturellen Roman auf, äußert jedoch auch Kritik am Begriff, da er hier eine begriffliche Unschärfe vermutet und den Versuch paradox findet, „begrifflich etwas zu fassen, was sich der präzisen Identifikation sperrt."[67] Die Idee der interkulturellen Literatur impliziere „eine Symmetrie und Gleichberechtigung

---

[61] 2000a, S. 51.
[62] 2009, S. 8.
[63] 2001, S. 108
[64] Vgl. ebd., S. 108.
[65] Vgl. ebd., S. 117.
[66] Vgl. ebd., S. 118.
[67] 2009, S. 10.

zwischen Kulturen [...], die nicht existiert."[68] Mit der Überbetonung von Themen wie Entwurzelung und Hybridität laufe man Gefahr, die tatsächlichen sozialen Gegebenheiten zu verfehlen.[69] Chiellino ist sich dieser Kritik indes bewusst und formuliert selbst eine Frage, die an Olga Grjasnowas Forderung an die Migrationsliteratur erinnert: „Wenn in einem interkulturellen Roman das erzählt wird, was in jedem anderen Roman stattfinden kann, wozu die analytische Mühe, doch eine Abgrenzung zu benachbarten Romanen wie Bildungsroman oder historischen Roman zu vollziehen?"[70] Er beantwortet seine Frage damit, dass es zu den Aufgaben der Literatur(wissenschaft) zähle, eigene und fremde Werte differenziert zu vermitteln und dabei eine Art Paritätsgrundsatz zwischen den Kulturen zu bewahren und zu stärken.[71] Die interkulturelle Literatur sei das nötige Werkzeug dazu.

Marie-Noëlle Faure greift Chiellinos Konzept der interkulturellen Literatur auf und entwickelt daraus die Idee der Ankunftsliteratur.[72] Sie teilt interkulturelle Literatur im deutschsprachigen Raum in drei zeitliche Etappen: Dekonstruktion (Gastarbeiterliteratur der 1960er bis 80er Jahre), Rekonstruktion (1990er Jahre) und Neuidentifikation (Nuller Jahre).[73] Während die Literatur der ersten Etappe vom Schock und der Entwurzelung und die der zweiten vom Ausbrechen aus der Opferrolle und der Übernahme einer Vermittlerfunktion zwischen den Kulturen geprägt waren, sei die dritte Phase vornehmlich gekennzeichnet durch Hybridität und Inter- und Transkulturalität. Es handle sich nicht um Migrationsliteratur, sondern um „Ankunftsliteratur", die „sich durch eine ganz andere Herangehensweise an die Literatur und an Sprache aus[zeichnet]: Kreativität, Literarizität und Musikalität stehen nun im Vordergrund."[74] Ankunftsliteratur scheint genau das zu beschreiben, was Autor/innen wie Marica Bodrožić fordern, einen Zustand der Normalität. Eine ähnliche Idee steht hinter Brigitte Schwens-Harrants *Ankommen* (2014), einer Sammlung von Texten und Gesprächen. Hier sollen Autor/innen ausdrücklich nicht „diesem Koordinatensystem zugeordnet werden, das da heißt ‚Migrationsliteratur'".[75] Es geht um das Ankommen in einem Territorium und einer Gesellschaft. Julya Rabinowich verknüpft den Begriff wie Bodrožić vor allem mit dem Raum der Großstadt:

> Ankommen bedeutet, dass man, wenn man durch die Straßen einer Stadt geht, diese Straßen so gut kennt wie seine Wohnung, dass man sie blind abgehen kann und weiß, wo man sich befindet, dass man weiß, welche Stimmung in

---

[68] Ebd.
[69] Vgl. ebd., S. 11.
[70] Chiellino 2001, S. 119.
[71] Vgl. ebd.
[72] Der Begriff steht nicht mit dem der Ankunftsliteratur innerhalb der DDR-Literatur in Zusammenhang.
[73] Vgl. Faure 2015, S. 44.
[74] Ebd., S. 53.
[75] Schwens-Harrant 2014, S. 12.

welchen Bezirken und welchen Teilen dieser Stadt herrscht, dass man weiß, welche Art von Leuten man in welchen Lokalen trifft, dass man versteht, was angedeutet, aber nicht ausgesprochen wird...[76]

Für den aus Bulgarien stammenden Autoren Ilja Trojanow war das Ende des Chamisso-Preises absehbar: „Es gibt keine Chamisso-Literatur mehr, sondern nur das Hineinwachsen der deutschsprachigen Literatur ins Weltliterarische mit Hilfe der Agenten der Weltläufigkeit und Mehrsprachigkeit.“[77] Trojanow deutet hier einen weiteren Trend an, der Texte – wie das bereits in anderen Nationalliteraturen gängiger ist – unter dem Motto „Weltliteratur“ versammelt. Der Begriff, den schon Goethe beschrieb,[78] kursiert heute unter dem Kollektivum „neue Weltliteratur“ als eine

> Bezeichnung für im Zeitalter von Migration und Globalisierung entstehende Texte, die aufgrund sprachlicher, inhaltlicher oder formaler Aspekte nicht mehr nur einer Nationalliteratur zugeordnet werden können, also transnational sind, z.B. von Emine Sevgi Özdamar, Salman Rushdie oder Michael Ondaatje.[79]

Schmitz sieht im Begriff der postkolonialen Weltliteratur einen Hinweis dafür, dass Migrationsliteratur ihren Sonderstatus verliert.[80] Nach Sigrid Löfflers Definition scheint sich Weltliteratur jedoch wenig vom Begriff der Migrationsliteratur zu emanzipieren. In ihrem Werk *Die neue Weltliteratur und ihre großen Erzähler* (2014) beschreibt sie jene zwar als „dynamische, rasant wachsende, postethnische und transnationale Literatur, eine Literatur ohne festen Wohnsitz“[81], stellt jedoch grundlegend Bezüge zu den Biografien der Autor/innen her und beschreibt ihre Texte als „Literatur der Nicht-Muttersprachlichkeit“ und „Literatur mit Akzent“.[82] Autor/innen werden wieder in die unerwünschte Fremden-Ecke gedrängt, wenngleich „die Romane und Erzählungen der Migranten die Normen, Werte und literarischen Traditionen des bisher dominierenden Westens systematisch infrage“ stellen.[83]

Das letzte Konzept, auf das hier verwiesen werden soll, ist die transareale Literaturwissenschaft, wie Ottmar Ette sie vorschlägt. Denn, so Ette,

> [m]igratorisches Schreiben ist keine Migrantenliteratur mehr, sondern vektorisiert gewohnte und von nationalen Institutionen geschützte

---

[76] Zit. nach ebd., S. 9.
[77] Trojanow 2009.
[78] Zu Goethes Begriff der Weltliteratur, der mit der heutigen transkulturellen Verschmelzung nur zum Teil vergleichbar ist, siehe Hausbacher 2009, S. 108f.
[79] Höfer 2013.
[80] Vgl. 2009, S. 12.
[81] Löffler 2014, S. 17.
[82] Ebd., S. 15.
[83] Ebd., S. 14.

Grenzziehungen in einer so grundlegenden Weise, dass sich das jeweils Nationale zunehmend seines Ortes (und seines Wortes) nicht mehr sicher sein kann.[84]

Ette fragt nach einer Poetik der Bewegung und betrachtet Literatur dafür aus dem Blickwinkel der TransArea Studies, die er definiert als

> Bewegungen zwischen unterschiedlichen *Areas* – wie etwa der Karibik, dem Maghreb oder Südostasien – […], wobei der Begriff der *Area* […] durchaus unterschiedlich genutzt wird und ebenso eine Weltregion wie einen spezifischen Kulturraum bezeichnen kann.[85]

Gegenüber dem Begriff des Transnationalen hat der Begriff des Transarealen den Vorteil, dass er nationale Grenzen aufhebt, während „transnationale Literaturwissenschaft' im eigentlichen Sinne nur im Kontext eines weit fortgeschrittenen Nationalbildungsprozesses gedacht werden" kann.[86] Das Transaereale ziele vielmehr darauf ab, ein weltweites Verflochtensein zu perspektivieren.[87] Weiterhin gehe es in den TransArea Studies „weniger um Räume als um Wege, weniger um Grenzziehungen als um Grenzverschiebungen, weniger um Territorien als um Relationen und Kommunikationen".[88] Ette bezeichnet diesen Blickwinkel, der sich für Bewegung und Transfers als Auslöser für Transformationen interessiert, als transversal.

In der folgenden Analyse literarischer Texte wird sich diese Arbeit keinem der vorgestellten Konzepte vorrangig anschließen. Vielmehr soll versucht werden, die jeweiligen Stärken der verschiedenartigen Konzepte für die folgenden *close readings* zu verinnerlichen. Da Begrifflichkeiten oft unumgänglich sind, soll mit den noch am wenigsten wertenden Begriffen der transkulturellen Literatur (mit ihrem Schwerpunkt auf Sprache statt auf Herkunft) und des von Ette vorgeschlagenen „migratorischen Schreibens" gearbeitet werden, das zwar Migration impliziert, sich aber nicht explizit auf die Herkunft der Autor/innen bezieht, sondern eher für Literatur in Bewegung in einer globalisierten, vernetzen, migratorischen Welt steht.

---

[84] 2004, S. 251.
[85] 2012, S. 40.
[86] Ebd.
[87] Ebd., S. 41.
[88] Vgl. ebd., S. 47.

2. Wege in den „goldenen Westen": Die vierte Welle der Emigration

In der Sekundärliteratur werden häufig drei Wellen der russischen Emigration beschrieben. Die erste ereignete sich im Kontext der Oktoberrevolution, die zweite nach dem Zweiten Weltkrieg und die dritte während der 70er und 80er Jahre („Gastarbeiterliteratur").[89] Elena Tichomirova beschreibt zusätzlich eine vierte Welle der Emigration in den 1990er Jahren, die zum Teil ökonomische Gründe hatte, aber auch im Antisemitismus in den ehemaligen Sowjetrepubliken begründet war.[90] Nach den Russlanddeutschen bilden die Juden, die als Kontingentflüchtlinge nach Deutschland, Österreich und in die Schweiz kamen, die zweitgrößte Emigrantengruppe aus Russland.[91] Wladimir Kaminer, der selbst als Kontingentflüchtling in den 1990ern nach Berlin kam, beschreibt sie in *Russendisko* (2000):

> Die russischen Juden [...] zu Beginn der Neunzigerjahre konnte man weder durch ihren Glauben noch durch ihr Aussehen von der restlichen Bevölkerung unterscheiden. Sie konnten Christen oder Moslems oder gar Atheisten sein, blond, rot, oder schwarz, mit Stups- oder Hakennase. Ihr einziges Merkmal bestand darin, dass sie laut ihres Passes Juden hießen. Es reichte, wenn einer in der Familie Jude oder Halb- oder Vierteljude war und es in Marienfelde nachweisen konnte.[92]

Viele von ihnen hatten, wie Kaminer selbst, kaum einen Bezug zu ihren jüdischen Wurzeln. Laut Tichomirova seien die Autor/innen der vierten Welle der Emigration auch weniger an politischen und ethnischen Fragen interessiert gewesen als

---

[89] Vgl. etwa Kasack 1996, S. 24ff.; Hausbacher 2009, S. 31; Reinhardt 2012, S. 23.

[90] Vgl. 2000, S. 166ff.

[91] Diese Arbeit konzentriert sich auf die Literatur jüdischer Kontingentflüchtlinge und russischer Emigranten, die in der Regel keinen Bezug zu Deutschland oder der deutschen Sprache hatten. Anders als Russlanddeutsche, deren Literatur gesondert untersucht wird, siehe etwa Engel-Braunschmidt, Annelore (2000): „Literatur der Rußlanddeutschen", in: Chiellino, Camine (Hrsg.): *Interkulturelle Literatur in Deutschland. Ein Handbuch.* Stuttgart/Weimar: J. B. Metzler, S. 153-165.

[92] Kaminer 2002, S. 13. Im Folgenden zitiert als: (RD)

die der vorigen Wellen und hätten stattdessen vermehrt den Aufbau eines neuen Lebens thematisiert.[93] Sie schrieben in Gattungen der Massenliteratur und berichteten häufig vom Zusammenstoß mit dem deutschen Alltag und von „Wechselbeziehungen zwischen Russentum, Judentum und Deutschtum".[94] Viele Autor/innen schrieben auf Russisch und richteten sich an die russische Leserschaft, wenn auch der Großteil ihrer Texte ins Deutsche übersetzt wurde. Heimatsprache und damit verbundene literarische Traditionen konnten auch durch den Reiz der neuen Sprache und Poetik nicht aus dem Schaffen der Autor/innen verdrängt werden.[95] Die russische Sprache wird „als das Haus des Auswanderers [...], die einzige noch denkbare Heimat für den Emigranten" begriffen.[96]

Es gab unter den Emigrant/innen jedoch auch Autor/innen, die ihre Sprache wechselten oder multilingual schrieben. Einer ihrer bekanntester internationalen Vertreter ist Vladimir Nabokov. In Deutschland sind es Schriftsteller/innen wie Boris Al'tšuler, Olga Beschenkovskaja, Wladimir Kaminer, Katja Petrowskaja oder Nellja Veremej, die die deutsche Sprache als Mittel ihrer Kreativität wählen. In Österreich und der deutschsprachigen Schweiz sind es beispielsweise Vladimir Vertlib und Marina Rumjanzewa. Sie entschieden sich für die neue Sprache, denn das Schreiben auf Deutsch befreie, um mit Faure zu sprechen, „vom Pathos, von einer gewissen Emotionalität, die dem Verhältnis zur Muttersprache anhaftet."[97]

Doch warum ist eine Unterscheidung in Sprachwechsler/innen und jene, die weiterhin in ihrer Herkunftssprache schreiben, bedeutsam? Wilhelm Oppenrieder und Maria Thurmair machen in ihrer Untersuchung zu „Sprachidentität im Kontext von Mehrsprachigkeit" darauf aufmerksam, dass Sprache einen bedeutenden Beitrag zur Identitätsbildung leistet.[98] Sie wirke identitätsstiftend und symbolisiere Gruppenzugehörigkeit – vor allem in großen politisch-sozialen Gruppen wie Nationen.[99] Dementsprechend lässt sich die These aufstellen, dass der Wechsel ins Deutsche dazu beitragen kann, sich von literarischen Traditionen des Heimatlandes zu lösen und eher an deutschen, europäischen oder interkulturellen Literaturen fortzuschreiben. Das Deutsche kann aber auch als Sprache eines neuen interkulturellen und künstlerischen Schaffens verstanden werden, wie Marja-Leena Hakkarainen schreibt: „a new literary German that is not rooted in German culture alone".[100] Ort- und Sprachwechsel sind Teil einer postmodernen Vorstellung von kultureller Hybridität, die sich nach Hausbacher auch in einer neuen Form der Poetik äußern müsse:

---

[93] Vgl. 2000, S. 170.
[94] Ebd., S. 173.
[95] Ebd.
[96] Ebd., S. 174.
[97] 2015, S. 42.
[98] Vgl. 2003, S. 41f.
[99] Vgl. ebd., S. 42.
[100] 2004, S. 202.

Mit dem zunehmenden Aufbrechen bislang als weitgehend abgeschlossene kulturelle Einheiten aufgefasste Gesellschaften hin zu transkulturellen Mischungen und den damit einhergehenden Hybridvorstellungen von kulturellen und individuellen Identitätsmustern, muss sich auch das Erzählen verändern. Diese Veränderungen und Novitäten zu beschreiben sehen wir als Aufgabe einer Poetik der Migration [...].[101]

Im Folgenden werden Ergebnisse unterschiedlichster literaturwissenschaftlicher Analysen zusammengetragen, um Trends migratorischer Literatur festzustellen. Dieses Kapitel widmet sich der Frage, ob es spezifische Charakteristika einer Literatur „mit Migrationshintergrund" gibt. Hierzu werden zunächst Autor/innen der zweiten Stimme untersucht, um im Anschluss Texte von Autor/innen der dritten Stimme, die in der Forschung bisher nur am Rande beachtet wurden, vergleichend heranziehen zu können. Der Fokus liegt auf Autor/innen der vierten Welle der Emigration, die nach dem Zusammenbruch der Sowjetunion nach Deutschland, Österreich und in die Schweiz auswanderten.[102] Zu ihnen zählen Wladimir Kaminer, geboren 1967 in Moskau, der 1990 nach Berlin emigrierte. Zum aktuellen Stand umfasst sein literarisches Schaffen 26 Werke, von denen allerdings nur *Militärmusik* (2001) ein Roman ist. Die anderen sind humoristische, glossenartige Erzählungen wie sein wahrscheinlich berühmtestes Werk *Russendisko* (2000). Auch die Schriftstellerin Nellja Veremej stammt aus der Sowjetunion, wo sie 1963 geboren wurde. 1994 emigrierte sie nach Berlin. Bisher liegen zwei Romane vor: *Berlin liegt im Osten* (2013) und *Nach dem Sturm* (2016). Olga Martynova, geboren 1962 in Dudinka, lebt seit den 1990ern in Deutschland und schreibt auf Russisch und Deutsch. Bisher hat sie zwei Romane auf Deutsch verfasst: *Sogar Papageien überleben uns* (2010) und *Mörikes Schlüsselbein* (2013). Vladimir Vertlib, geboren 1966 in Leningrad, war als einziger aus dieser Reihe noch ein Kind, als seine Eltern Russland verließen. Doch vergingen über zehn Jahre, bis die Familie endgültig in Österreich angekommen war. Einen großen Teil seiner Kindheit und Jugend verbrachte Vertlib daher unterwegs, mit immer wechselnden Wohnorten, in immer anderen Ländern. Es ist daher schwierig, ihn zwischen zweiter und dritter Stimme zu verorten. Umso interessanter ist es, seine Literatur in Bezug auf beide Gruppen zu betrachten.

---

[101] 2009, S. 111.

[102] Untersuchungen der Literatur der ersten drei Emigrationswellen unternehmen etwa Reinhardt 2012, Tichomirova 2000 und Kasack 1996. Eine umfangreiche Auseinandersetzung mit dem Begriff der Gastarbeiterliteratur findet sich bei Hamm, Horst (1988): *Fremdgegangen - freigeschrieben: eine Einführung in die deutschsprachige Gastarbeiterliteratur*. Würzburg: Königshausen und Neumann.

2.1 Stoffe der Migration

Yoko Tawadas Erzählung *Ein Brief an Olympia* (2005) ist einer der eher unbekannten Texte der international erfolgreichen japanisch-deutschen Autorin. Die Erzählung handelt von einer Informatikerin, die einen Roboter erfindet. Dieser soll einen „erfolgreiche[n] Exildichter aus dem Osten"[103] verkörpern. Hierfür programmiert die Informatikerin ihm bestimmte Charakteristika ein, die die von ihm produzierte Literatur enthalten solle:

> Bei den verhandelten Texten soll es sich um *Prosa* handeln, sie soll *autobiografische* Hintergründe aufweisen und thematisch die *Migration* eines *jungen, an seinen Erfahrungen wachsenden Protagnisten* aus dem ehemals sozialistischen Osten in den kapitalistisch-demokratischen Westen beschreiben.[104]

Seine Literatur soll eine Mischung aus Coming of Age und Autobiografie[105] sein, aber auch Elemente von Reiseliteratur enthalten und könne durchaus gesellschafts- und systemkritisch sein. Seien die Kriterien erfüllt, so stünde dem Erfolg als Exildichter nichts im Wege. Es sind Merkmale, die sich durchaus häufig in migratorischer Literatur wiederfinden. In den Erzählungen der aus der Sowjetunion stammenden Autor/innen stehen oft Kommunismus und der Systemwechsel sowie die hieraus resultierenden Auswirkungen auf das Leben der Figuren im Zentrum des Erzählten. Ihre Werke handeln von der politischen und sozialen Situation in den Herkunftsländern, arbeiten die Vergangenheit auf und schildern die Herausforderungen, mit denen sich die Migrant/innen in den Ankunftsländern konfrontiert sahen.[106] Häufige Themen sind Heimat und Fremde, Kindheit, Nostalgie, Reise- und Grenzerfahrung, kulturelle Konflikte, Sprachbarrieren, Identität, Transiterfahrungen und das Leben in der Großstadt.

2.1.1 Konstruktionen von Heimat und Heimatlosigkeit

Nach Reinhardt bildet der Topos Heimat bzw. verlorene Heimat den Mittelpunkt der Emigrantenliteratur der ersten drei Wellen der Emigration.[107] Dazu gehören ein positives Russlandbild der Vorsowjetzeit und die Idealisierung von Vergangenheit und „alter" Heimat, aber auch die Ablehnung der Sowjetunion und des Kommunismus. Das alte Russland als konkrete Heimat bildet den Gegenpol zur fremden, neuen Umgebung im Exil, wo sich die Emigrant/innen zunächst nur über ihren Heimatbezug selbst identifizieren. Fremderfahrungen sind daher

---

[103] Tawada 2005.

[104] Zusammenfassung nach Meixner 2014, S. 41.

[105] Thomas Keller bezeichnet Migration gar als „Autobiografie-Generator" für literarische Texte, vgl. ders. (1998): „Einleitung. Ein Leben in und zwischen verschiedenen Kulturen führen", in: Keller, Thomas/Thum, Bernd (Hrsg.): *Interkulturelle Lebensläufe*. Tübingen: Stauffenburg, S. 1-29, hier S. 4.

[106] Vgl. Ackermann 2008, S. 20.

[107] Vgl. 2012, S. 69.

häufiger Bestandteil der Literatur, etwa in der Ankunftssituation, in ersten Begegnungen mit Land, Leuten, Sprache und Kultur. Die russische Autorin Irina Saburova skizziert in ihrem Roman *Die Stadt der verlorenen Schiffe* (1950) die Ankunftssituation als *die* Schlüsselsituation der Fremdheitserfahrung und Heimatlosigkeit:

> Erst hier, in Berlin, als Dschan richtige Emigranten kennen lernte, eine ganze Kolonie, die wie Tropfen in eine fremde Großstadt eingesickert und vom fremden Lande ihrer Persönlichkeit beraubt worden waren und sich nur Bruchstücke der Vergangenheit erhalten hatten, noch dazu in einer falschen Perspektive, erst hier begriff Dschan zum ersten Mal, was es bedeutete, keine Heimat und kein Heim zu haben.[108]

Reinhardt beschreibt die Literatur der Emigrant/innen, die unfreiwillig ihr Land verlassen mussten, als besonders kritisch gegenüber dem Exilland und geprägt von starker Sehnsucht nach Russland, welches sie in verklärter, utopischer Art und Weise darstellen.[109] In der vierten Welle der Emigration verändert sich der Umgang mit dem Thema Heimat. Hausbacher entwickelt die These, dass die „migratorische Perspektive" Dichotomien wie Eigenes und Fremdes in der vierten Welle überwinde, da in der Literatur der Migrant/innen kein „privilegiertes Zentrum" vorhanden sei – „Ihre Biographien implizieren ja den Verzicht auf ein privilegiertes Zentrum und eröffnen damit eine neue Perspektivierung, deren Differenz nicht mehr länger Hierarchisierung und Be- bzw. Abwertung bedeuten muss."[110] So könne es Migrant/innen als „cross-cutting-identities" und aus ihrer Position der „dislocation" auch gelingen alte, eingefahrene Muster und herkömmliche Diskurse zu Kulturunterschieden zu überwinden.[111] Maßgebend für migratorische Literatur sei mittlerweile nicht mehr „die Binäropposition ‚Fremde vs. Heimat', sondern deren Aufhebung und Verflechtung."[112] Auch Thomas Pekar kommt zu dem Schluss, das Transitorische sei eine idealtypische Verarbeitungsweise in migratorischer Literatur. Neben dem Festhalten an der Heimatkultur und der extremen Assimilation an die neue Kultur schaffe das Transitorische einen neuen Raum der Identifikation mit dem Zustand einer „dauerhaften" (E)Migration.[113]

Wladimir Kaminers Emigration aus Russland war keine Flucht ohne Option auf Rückkehr, sondern vielmehr eine Entscheidung. Seine jüdischen Wurzeln waren dabei lediglich Mittel zum Zweck. In Deutschland bzw. Berlin landete er aus praktischen Gründen – es war „eine spontane Entscheidung. Außerdem war die Emigration nach Deutschland viel leichter als nach Amerika: Die Fahrkarte kostete nur 96 Rubel, und für Ostberlin brauchte man kein Visum." (RD 12) Da er

---

[108] S. 570.
[109] Vgl. Reinhardt 2012, S. 74f.
[110] 2009, S. 73f.
[111] Vgl. ebd., S. 71f.
[112] Ebd., S. 118.
[113] Vgl. Pekar 2017, S. 135.

sich den Berliner Ortsteil Prenzlauer Berg – schon in den 90ern eines *der* kulturellen und intellektuellen Szeneviertel Deutschlands – speziell als Wohnort oder Wahlheimat ausgesucht hat, ist er dieser neuen Umgebung gegenüber von Anfang an offen eingestellt. Seine schnelle Annäherung an die Stadt hat auch einen großen Einfluss auf seine Literatur. Zwar thematisiert er den Verlust seiner Heimat, allerdings eher auf eine ironische, teilweise schon fast unangemessen leichte Art und Weise, die die schwere, emotionale Art der Heimatlosigkeit in der Literatur früherer Migrant/innen wie Saburova als pathetische Rhetorik bloßstellt: „Einige Jahre später übersiedelte sie [Kaminers Frau] nach Deutschland, was zwar schrecklich weit von ihrer Heimat entfernt ist, aber Berlin gefällt ihr trotzdem ganz gut..." (RD 39). In *Militärmusik* sind der Abschied von der Heimat und die Vorfreude auf die „neue Heimat" durchweg positiv gestaltet: „Zum ersten Mal stand ich kurz davor, die Grenzen meiner Heimat zu überschreiten. [...] Ich hatte große Erwartungen, viele Fragen und auch ein wenig Angst. Ich fühlte mich dabei aber großartig."[114] Katrin Molnár beschreibt Kaminers Heimatbegriff als Situation „kosmopolitische[r] Losgelöstheit" und als

> Raum der Transkulturalität, in dem sich zahlreiche territoriale Signifikationen überlagern und flüchtig kreuzen und in dem sich politische, kulturelle, nationale, ethnische, identitäre Grenzziehungen verflüssigen oder auch gänzlich auflösen.[115]

Heimat und Fremde treten nicht mehr als Gegenpole zueinander auf, sondern werden in der multikulturellen Berliner Umgebung von Kaminers Erzählungen stets miteinander verwoben. Auch in Nellja Veremejs *Berlin liegt im Osten* (2013) ist die Wahrnehmung des Ankunftslandes dadurch positiv geprägt, dass sie nicht einem Exil, sondern der Erfüllung eines Traumes von einem besseren Leben gleicht:

> Von freudigen Erwartungen wie Luftballons aufgeblasen, schwebten wir hoch im Wagen der grünen U1. Wir schauten auf die Stadt, die uns zu Füßen lag, und weideten unsere Seelen an den schönen, sich abwechselnden Traumbildern: Marina mit einem schicken rosa Tornister in einer gemütlichen deutschen Schule, Schura vor einer Staffelei oder gar in einem Studio, ich als Übersetzerin, nein, als Journalistin [...].[116]

Vladimir Vertlibs Debütroman *Zwischenstationen* (1999) ist anfangs von einer ähnlichen Hoffnung auf ein besseres Leben geprägt. Eine russisch-jüdische Familie siedelt nach Israel über, um dort eine neue Heimat zu finden. Die Reise entwickelt sich allerdings zu einer jahrelangen Odyssee und dem Gefühl permanenter Deplatzierung. Nachdem sie in Israel nicht das erhoffte Paradies vorfinden, reisen sie weiter nach Österreich, Niederlande, zurück nach Israel, weiter nach Italien

---

[114] Kaminer 2003, S. 221f. Im Folgenden zitiert als: (MM)
[115] Molnár 2009, S. 334.
[116] S. 144. Im Folgenden zitiert als: (BO)

und Österreich, schließlich in die USA und am Ende wieder nach Österreich. Überall versuchen sie sich Zuhause zu fühlen, doch stets erlebt die Familie Antisemitismus, Gewalt, Arbeitslosigkeit und Desillusionierung, sodass sie immer wieder voller Hoffnung in ein neues Land aufbrechen. Einige Abschieds- und Ankunftssituationen werden ausführlich beschrieben, andere kaum. Der Abschied von der Sowjetunion ist als klassische Auswanderer-Szene gestaltet: Familie und Freunde haben sich am Bahnhof versammelt, um die Ausreisenden zu verabschieden. Alle umarmen sich und weinen, der Signalpfiff des Zuges verkündet die Abfahrt. Eine Ankunftssituation in Israel wird nicht beschrieben. Als die Familie später von Wien aus nach Amsterdam ausreist, gibt es die klassische Ankunftssituation, in der der Ich-Erzähler überfordert ist von den neuen Eindrücken:

> Nach der langen Fahrt schwankte der Boden unter meinen Füßen. Die vielen Menschen um mich herum schienen mich erdrücken zu wollen. Laute in einer fremden Sprache schlugen auf mich ein. Eine weibliche Stimme bellte Unverständliches lautsprecherverzerrt durch den Raum. Die Worte auf den Reklameschildern kamen mir vertraut vor. Trotzdem konnte ich sie nicht verstehen.[117]

Mit jeder neuen „Zwischenstation" auf seiner Reise wird der Ich-Erzähler emotionsloser. Bei der dritten und letzten Ankunft in Österreich heißt es: „Ich war müde, wollte nur schlafen. Nichts mehr denken. Nichts mehr sagen. Nichts mehr erklären müssen" (ZS 354), was sich sicher auch auf die permanenten Migrationsbewegungen übertragen lässt. Eine so freudige Erwartung wie bei Kaminer lässt sich in Vertlibs *Zwischenstationen* nicht finden. Im Gegenteil, so diskutiert der Ich-Erzähler etwa oft mit den Eltern:

> „Warum fahren wir denn weg?" fragte ich mit Trotz und Wut in der Stimme. „Warum denn schon wieder?" Ich wurde lauter. „Immer fahren wir weg, ohne daß ich mich von meinen Freunden verabschieden kann. Nicht einmal von Lena. Nie erzählt ihr mir was! Ich hasse euch! Ich fahre nicht mit!" (ZS 82)

Vertlibs Figuren werden zu heimatlosen Geschöpfen. Anstelle von realer, geografischer Heimat treten subjektive, fiktionale Heimat-Interpretationen wie das Unterwegssein selbst als Zuhause, Familie und Freunde als einzig wahre Heimat oder Literatur als heimatlicher Rückzugsort.[118] Molnár beschreibt die Heimatkonstruktion bei Vertlib als „alternativen Heimatbegriff für eine entwurzelte, deplatzierte Existenz ohne festen Wohnsitz".[119] Sie stellt fest, dass bei Vertlib die Sehnsucht nach Heimat das Heimatgefühl ersetzt, dass Heimat also aus etwas nicht

---

[117] Vertlib 2005, S. 88. Im Folgenden zitiert als: (ZS)
[118] Vgl. Molnár 2009, S. 326.
[119] Ebd.

Vorhandenem konstruiert wird.[120] Als imaginärer Ort, der nicht lokalisierbar ist, wird Heimat zur Utopie und zum Nicht-Ort.[121]

2.1.2 Selbstinszenierung zwischen Jude, Sowjetmensch und „immigrant chic"

Einen anderer Schwerpunkt migratorischer Texte ist der Themenkomplex Identität. Dies liegt vor allem darin begründet, dass „Migrationserfahrungen [...] biographisch eine Verunsicherung der Zugehörigkeit dar[stellen]."[122] Identität von Migrant/innen sei, so Monika Behravesh, in besonderem Maße von Mehrfachzugehörigkeiten, etwa sprachlich, religiös, ethnisch, kulturell oder auch das kollektive Gedächtnis betreffend, geprägt.[123] Die Problematik dieser Mehrfachzugehörigkeiten beschreibt sie am Beispiel der migrationsbedingten Mehrsprachigkeit, in die anders als in sukzessiver Mehrsprachigkeit

> biografische Erinnerungen einfließen und beide Sprachen, die Herkunftssprache und die Sprache des Einwanderungslandes, sehr stark emotional besetzt und zugleich an Zugehörigkeits- und Identifizierungsfragen des Subjekts gebunden sind. Die Teilhabe an beiden Sprachen erlaubt dem Sprecher eine – nicht selten konfliktive – Partizipation an unterschiedlichen Wissensbeständen und erfordert darüber hinaus auch sprachspezifische Handlungsweisen, woraus die Selbstwahrnehmung der Sprecher, die den Sprachwechsel als einen ‚Identitäts'wechsel beschreiben, sich erklären lässt.[124]

Narrative aus Herkunftsland, Aufnahmeland und Migranten-Community beeinflussen die Autor/innen und finden auch häufig Niederschlag in ihrer Literatur. Laut Reinhardt sei ein zentraler Aspekt der Texte das Berichten vom „Phänomen einer Verbindung von russischer und deutscher Identität und über seine [des Erzählers] subjektiven Gefühle dabei".[125]

Hans-Joachim Hahn fragt in seiner Untersuchung „,Europa' als neuer ‚jüdischer Raum'?" danach, wie Identitätsfindungsprozesse in Literatur von Migrant/innen mit Hilfe von Raummetaphern dargestellt werden. Er untersucht die Romane Vladimir Vertlibs und stellt fest, dass Orte hier immer Durchgangsstationen sind und die Texte von Ortlosigkeit und der Schwierigkeit des Heimischwerdens geprägt sind. Die Außenwelt (bei Vertlib die Stadt Wien) wird als nicht existent betrachtet, die Innenwelt bezieht sich auf dem Erzähler vertraute Länder wie Israel und Russland und dem Asylheim als Übergangs- oder Transitort oder gar

---

[120] Vgl. ebd., S. 327.
[121] Vgl. ebd., S. 327f.
[122] Behravesh 2017, S. 47.
[123] Vgl. ebd., S. 51.
[124] Ebd., S. 61.
[125] 2012, S. 223.

als Nicht-Ort.[126] Die Sehnsucht nach einer besseren Umgebung und nach einem guten Leben wird dargestellt „als eigentliche Motivation für die Migrationsbewegungen", das Ergebnis jedoch ist ein „Zuhause in einer Zwischenwelt".[127]

Christoph Meurer macht eine ähnliche Untersuchung an Kaminers Texten und nutzt als Erklärungsmodell für den Raum des Dazwischen die Theorie des „third space" nach Homi K. Bhabha.[128] Der dritte Raum sei demnach ein Raum für „[m]ultiple intra- wie interpersonelle Identitäten", im Fall Kaminers bzw. seines Ich-Erzählers sei dieser dritte Raum seine „n i c h t russische Heimat und n i c h t deutsche Fremde".[129] Er wird von den Räumen Russland und Deutschland konstituiert. Migration sei dabei zwar nicht die einzige Ursache für die Entstehung eines dritten Raumes, oft aber existieren Figuren bei Kaminer in einem ‚Dazwischen' – zwischen Identitäten, die sie selbst oder andere ihnen zuschreiben. Der dritte Raum als Resultat der Transkulturalität sei also nicht nur ein postkoloniales, sondern auch ein postmodernes Phänomen, das postmoderne Individuen beschreibe.[130] Um mit Hausbacher zu sprechen, lässt sich die Problematik so zusammenfassen: Kaminer „spricht als Russe über die Deutschen und ist gleichzeitig bereits ein ‚deutscher Schriftsteller' geworden, er spricht als ‚deutscher Schriftsteller' über die Russen und ist (immer noch) ‚der Russe vom Dienst'".[131]

Hausbacher kommt zu dem Ergebnis, dass bei Kaminer selten herkömmliche Identitätsfixierungen zu finden sind, sondern in erster Linie hybride Identitäten im Zentrum stehen.[132] Auch Oliver Lubrich sieht Strategien dieser Hybridisierung etwa im multikulturellen Mikrokosmos Prenzlauer Berg in *Russendisko* oder an der Darstellung der Sowjetunion als multikulturellen Vielvölkerstaat in *Militärmusik*.[133] Die Reise der Hauptfigur in diesem Roman zeige, dass die UdSSR, deren als Kultur verkaufte Ideologie die Menschen vereinheitlichen und eine gemeinsame Identität schaffen sollte, mitnichten ein homogener, sowjetrussischer Raum ist. Kaminer produziert sogar ein riesiges Konvolut an Russlandbildern, die er über seine Figuren, aber auch über Mythen, Metaphern und intertextuelle Verweise in seinen Text verwebt.[134] Meurer sieht in Kaminers Texten ein sehr wandlungsfähiges Russlandbild, einen Flickenteppich „imaginäre[r] Geographien"[135] und kommt zu dem Schluss:

> Was mit Kaminers Texten erfahrbar wird, ist das Wissen, dass eine postmoderne Nation voller innerer Widersprüche ist, sich aber dennoch als Nation

---

[126] Vgl. Hahn 2009, S. 306.
[127] Ebd., S. 306f.
[128] Vgl. Bhaba, Homi K. (2000): *Die Verortung der Kultur.* Tübingen: Stauffenberg.
[129] Meurer 2009, S. 228f.
[130] Vgl. ebd., S. 240.
[131] 2009, S. 256.
[132] Vgl. ebd., S. 254f.
[133] Vgl. 2005, S. 223f.
[134] Vgl. Meurer 2009, S. 234f.
[135] Ebd., S. 237.

verstehen kann, eine Nation mit festgelegten geographischen Grenzen, jedoch mit wandelbaren kulturellen und imaginären Abmessungen, die es ständig neu zu verhandeln gilt.[136]

Helena Reinhardt stellt indes fest, dass – trotz der Wahrnehmung der UdSSR als Vielvölkerstaat – die Konfrontation mit Antisemitismus in der Sowjetunion dazu führe, dass sich Juden als Fremde im eigenen Land fühlen.[137] So schreibt etwa Kaminer: „Ich war kein richtiger Russe, weil in meinem Pass ‚Jude' stand, nicht Komsomolze, ein wenig Hippie und ein passiver Dissident" (MM 61). Doch zu seinem Jüdisch-Sein hat Kaminers literarisches Alter Ego in seinen Werken keinen Bezug. Es verhilft ihm einzig dazu, nach Deutschland auszuwandern: „Die Freikarte in die große weite Welt, die Einladung zu einem Neuanfang bestand nun darin, Jude zu sein." (RD 11) Dementsprechend sind jüdische Identität und Religiosität keine Themen in Kaminers Werken. Wenn jüdische Identität eine Rolle spielt, dann

> aus ironischer Distanz und dezidiert postsowjetischem Blickwinkel – als Spaßfaktor jugendlicher Rebellion in der Sowjetunion, ja sogar als libertäres Privileg, als Ticket aus der Enge des sowjetischen Regimes in die Freiheit des Westens [...].[138]

In den geradezu klischeehaften Darstellungen von Juden und teilweise antisemitischen Dikta bei Kaminer erkennt Olaf Terpitz die Inszenierung eines *„homo sovieticus* with a missing traditional Jewish consciousness."[139] Die Bezeichnung des sowjetischen Menschen geht einerseits auf die von der kommunistischen Propaganda der frühen Sowjetunion verbreiteten positiven Bilder vom „Neuen Menschen" zurück, wie er etwa aus der sowjetischen Plakatkunst bekannt ist. Außerdem verweist der Begriff auf Alexander Sinowjews sarkastische Wortneuschöpfung in seinem gleichnamigen Roman *Homo Sovieticus* (1978) und zeichnet in den ersten Emigrationswellen ein negatives Bild von den Sowjets, die an der Zerstörung des alten Russlands und am zwangsläufigen Exil vieler Schriftsteller/innen Schuld waren. Ihn kennzeichnen etwa Eigenschaften wie Brutalität, Mangel an Bildung und Eigeninitiative und Opportunismus. In der vierten Emigrationswelle scheint sich das literarische (Selbst-)Bild vom sowjetischen Menschen aufzuwerten und wird eher mit Nostalgie-Konzepten verknüpft, da die Schriftsteller/innen vollständig im sowjetischen System aufgewachsen und erzogen worden waren. Zum „alten" Russland haben sie keine emotionale Bindung mehr.

In Vertlibs *Zwischenstationen* spielt die jüdische Tradition noch eine größere Rolle als bei Kaminer. Es geht um eine russisch-jüdische Familie, die in den 1970er Jahren eine Ausreisegenehmigung nach Israel erhält und sich damit den

---

[136] Ebd., S. 241.
[137] Vgl. 2012, S. 150.
[138] Molnár 2009, S. 328f.
[139] 2005, S. 293.

lang gehegten Traum erfüllt, in die vermeintliche jüdische Heimat überzusiedeln. Vor allem der Vater ist überzeugter Zionist und erwartet von Israel ein Leben im Paradies, welches sich allerdings nicht realisiert. Am Ende der jahrelangen Odyssee lässt sich über die Familie zusammenfassen: „Russen durftet ihr nicht sein, richtige Juden seid ihr keine mehr, Gojim [Nicht-Juden] aber auch nicht" (ZS 287). Molnár beschreibt Vertlibs Figuren daher als Figuren mit „disparate[n] Identitätsschichten".[140] An ihnen bleibe eine stetige „Fremdheit in Eigen- wie Fremdperspektive [...] haften."[141] Wenngleich Vertlibs Hauptfigur sich wie die von Kaminer vom Judentum distanziert, so geschieht dies auf eine andere, weniger eindeutige Weise als bei Kaminer. Immer wieder fragt sich der Ich-Erzähler: „Was bin ich? [...] Ein cooler Typ? [...] Ein Emigrant, der sich nicht unterkriegen lässt? [...] Ein Jude?" (ZS 241).

Viele Texte behandeln auch die Suche nach der russischen Seele, etwa auf eine mystifizierte und mit Elementen des Fantastischen verknüpfte Weise wie in Vertlibs Roman *Lucia Binar und die russische Seele* (2015) oder, wie bei Kaminer, in Form einer ironischen Persiflage von Stereotypen. Ekaterina Karelina stellt die These auf, dass die Hauptfigur in *Militärmusik*, die eine realitätsnahe Selbstbeschreibung Kaminers darstellt, bewusst eine Legende um die Autorfigur Wladimir Kaminer konstruieren soll.[142] Auch Heero kommt zu diesem Ergebnis: „Das eigenkulturelle Element wird [...] besonders hervorgehoben, manchmal sogar überpointiert und zu einer bewussten Selbststilisierung erhoben".[143] Kaminer mache sich selbst zum „Berufsrussen", der authentisch über Russen und die russische Seele schreibe, wobei er vor allem mit deutschen Klischees über den russischen Charakter spiele und eine neue, hippe Version vom Russischsein entwickele.[144]

Es lohnt sich an dieser Stelle einen Blick über die deutschsprachige Literatur hinauszuwerfen und Beispiele aus anderen Philologien zu betrachten, wie es etwa Adrian Wanner in seiner Untersuchung zu Identität in translingualem Schreiben macht. Er untersucht drei der populärsten in der Sowjetunion geborenen und später ausgewanderten Autoren, die mit ihren in der Sprache des Ankunftslandes geschriebenen Büchern schnell berühmt wurden: Andreï Makine mit *Le testament français* (1995) in Frankreich, Wladimir Kaminer mit *Russendisko* (2000) in Deutschland und Gary Shteyngart mit *Russian Debutante's Handbook* (2002) in den USA. Sie schreiben über das Leben russischstämmiger Figuren in einer westlichen Gesellschaft und werben auch genau mit diesem russischen Aspekt in Buchtiteln oder mit der grafischen Gestaltung der Cover, auf denen nicht selten Sowjetsterne, Matroschkas, Zwiebeltürme oder die russische Trikolore abgebildet sind. Da die Gestaltung der Cover oft in der Hand der Verlage liegt, scheinen auch sie das

---

[140] 2009, S. 326.
[141] Ebd.
[142] Vgl. 2006, S. 102.
[143] 2009, S. 224.
[144] Vgl. Molnár 2009, S. 326.

Image-Making dieser Autoren als Marketingstrategie aufzugreifen und sie als Kuriosität und exotisches Leseerlebnis verkaufen zu wollen.

Die drei Autoren eint, dass sie pseudo-autobiografische Werke schreiben, die eine gewisse Authentizität beanspruchen. Sie inszenieren sich selbst mittels ihrer Hauptfigur als translinguale, hybride, multikulturelle Personen. Der Einfluss einzelner russischer Vokabeln oder das Inszenieren des eigenen Akzents in Hörbüchern und Lesungen sind Werkzeuge dieser bewussten Selbstdarstellung. Wanner kommt aber zu dem Schluss, dass alle drei diese ähnliche Selbstinszenierung unterschiedlich konstruieren. Während Makines Werk Formen von traditionellem Nationalismus oder Chauvinismus annehmen könne, unterstreichen Kaminers und Shteyngarts Werke anti-essentialistische und kulturell hybride Weltanschauungen.[145] Kaminer und Makine skizzieren ein Bild der Sowjet-Vergangenheit, während Shteyngart sich auf die post-sowjetische Gegenwart fokussiert. Kaminers Ich-Erzähler ist vollständig integriert, Deutschland nimmt er überhaupt nicht mit den Augen seiner jüdischen Wurzeln wahr. Antisemitismuserfahrungen macht er einzig in Bezug auf die Sowjetunion zum Thema. Vielmehr beschreibt er Deutschland so, wie laut Wanner die Deutschen es selbst gern sehen: „as a tolerant, multicultural place".[146] Shteyngarts Figur dagegen spiegelt die Vorstellung von einem sich nicht anpassenden, kulturell entfremdeten Emigranten wieder.[147] Der von Shteyngart geprägte Begriff des „immigrant chic", in der deutschen Übersetzung „Migrantenlook", lässt sich aber trotz der Unterschiede, so Hausbacher, auch auf Kaminer anwenden. Auch er bezieht sich auf Image-Making und meint eine profitable Strategie der Selbstvermarktung, bei der die russische Komponente des Autors und seiner Figuren, gespickt mit einer gewissen Sowjetnostalgie, einen bestimmten Rezeptionseffekt bei seinem westlichen Publikum auslösen soll.[148]

Eine besondere Rolle spielen für diesen Effekt die bereits vorhandenen Klischees über Russen in den Vorstellungen der Leser: „Kaminer holt seine deutschen Klienten genau dort ab, wo sie mit ihren Klischees über den Osten stehen. Er entführt sie also in die Welt ihrer eigenen Stereotype".[149] Für die bewusste Markierung seiner Figur als osteuropäisches Produkt greift Kaminer auf national-kulturelle Klischees zurück, die er als Persiflage verwendet.[150] Sei es der Hang zu starken alkoholischen Getränken oder die Sentimentalität und chaotische Spontanität der Russen, Kaminer bedient sich aller gängigen Stereotype und stellt sie „typisch deutschen" Figuren mit Eigenschaften wie Fleiß, Ordnungssinn, Pedanterie und Pünktlichkeit gegenüber. Seine Klischees sind oft auch geschlechtlich semantisiert, etwa wenn er das deutsche Asylrecht mit dem „typischen" Wesen

---

[145] Vgl. Wanner 2008, S. 679.
[146] Ebd., S. 675.
[147] Vgl. ebd., S. 676.
[148] Vgl. Hausbacher 2009, S. 248.
[149] Menzel/Schmid 2007, S. 20.
[150] Hausbacher 2009, S. 248f.

einer Frau vergleicht.[151] Wenngleich er mit Erzählungen wie *Einige Dinge die ich über meine Frau weiß* (2017) zwar weiterhin in geschlechterstereotypen Mustern verharrt, so durchbricht er nationale Klischees immer wieder. In Russendisko stellt er schnell fest, dass die vermeintlichen Italiener eines italienischen Restaurants Griechen sind, während die Angestellten eines griechischen Restaurants sich als Araber herausstellen.

> Die Chinesen aus dem Imbiss gegenüber von meinem Haus sind Vietnamesen. Der Inder aus der Rykestraße ist in Wirklichkeit ein überzeugter Tunesier aus Karthago. Und der Chef der afroamerikanischen Kneipe mit lauter Voodoo-Zeug an den Wänden – ein Belgier. (RD 99)

So kommt er zu dem Schluss: „Nichts ist hier echt, jeder ist er selbst und gleichzeitig ein anderer." (RD 98) Laura Peters geht davon aus, dass diese Klischees und deren gleichzeitige Dekonstruktion mehr als einen unterhaltsamen Effekt haben sollen – sie seien „ein literarisches Verfahren, dass Ironie und fantastisches Element nutzt, um stereotypes Denken in Frage zu stellen."[152] Demnach könnte man Kaminers Literatur, die in der Rezeption oft als triviale, leichte Lektüre beschrieben wird, eine tiefere, gesellschafts- und kulturkritische Ebene zuordnen.

In Bezug auf nationale Stereotype sei laut Reinhardt außerdem ein weiterer Blick in Ankunftssituationen interessant, denn:

> Die ersten Reaktionen auf die unbekannte Umgebung korrespondieren mit den im kulturellen Gedächtnis der Autoren gespeicherten Klischees über Deutschland und Deutsche. So werden von ihnen als erstes Eigenschaften, wie Ordnung, Disziplin und Pünktlichkeit im privaten und öffentlichen Leben, Egozentrik, Inflexibilität, Verschlossenheit und Distanziertheit, welche den Deutschen von Russen schon immer zugeschrieben wurden, thematisiert.[153]

In der Ankunftssituation in Kaminers *Russendisko* ist dies jedoch gar nicht der Fall. Ein Aufeinanderprallen mit der deutschen Kultur und Sprache sucht man vergeblich: „Die ersten Berliner, die wir kennen lernten, waren Zigeuner und Vietnamesen. Wir wurden schnell Freunde." (RD 25) Über Deutschland wird wenig berichtet, denn die Figuren leben zunächst von der Außenwelt isoliert im Asylheim. Einzig die jüdische Gemeinde kann die Flüchtlinge mit einigen Flaschen Wodka locken. Bei Veremej tritt das „Im Westen ist alles besser"-Motiv zutage. Auch diese Familie landet zunächst im Heim, doch anders als bei Kaminer meiden die Figuren die anderen Asylbewerber/innen. So oft es geht, fahren sie in die Stadt,

> [...] in die bunt geschminkte Welt, wo in den Hauseingängen unterwürfige Lichter schimmern, wo die Haustreppen wie mit duftenden Shampoos

---

[151] Vgl. die Erzählung „Spring aus dem Fenster" in: RD 87ff.
[152] 2012, S. 123.
[153] 2012, S. 224.

gewaschen scheinen, wo sich alle lieben und respektieren, wo gepflegte Kinder unter liebevollen Blicken der smarten Eltern an wunderschönen Legowelten basteln, während Omas mit hölzernen Löffeln leckere Gerichte zaubern. (BO 144)

Hier wird ein von verklärt positiven Klischees verzerrtes Bild präsentiert. Die im kulturellen Gedächtnis verankerten Bilder von Deutschland beziehen sich auf Sauberkeit, Glück und materiellen Reichtum. Nach der anfänglichen Euphorie entpuppt sich der Westen aber als Enttäuschung: „Mir ist es peinlich, dass ich hier im Paradies nicht so weit gekommen bin wie erhofft. Und dass ich die fremden Alten mit dem Löffel füttere, während meine eigene Mutter irgendwo im weiten Osten allein in ihrem weißen, einäugigen Häuschen sitzt." (BO 11) Die Ehe ist zerbrochen, der erhoffte Reichtum ist nicht eingetreten und am Ende plant der Ex-Mann der Protagonistin, zurück nach Russland zu gehen. Diese familiären Entfremdungsprozesse und die gescheiterte Integration seien häufig Motive migratorischer Literatur, würden aber meist nicht aus der Perspektive der Eltern geschildert.[154]

Bei Vertlib, der in *Zwischenstationen* aus der Kinder-Perspektive erzählt, endet die Migration erst nach einer langen, beschwerlichen Odyssee in Österreich, wo der Protagonist letztendlich seine Heimat findet. Auch dieses „Heimischwerden" produziert sich allerdings anhand eines Klischees, nämlich mit dem Kauf eines Tirolerhuts und dem abschließenden „Holloraitulijöötuliahiii" (ZS 301). Isterheld nennt das Ende des Romans ein „satirisch verzerrte[s] Happy End", denn der Tirolerhut, den der Protagonist kauft und so eine vermeintliche „Übererfüllung folkloristischer […] Klischees" produziert, stamme nicht aus dem Salzburger Land – dieses bewusst eingebaute Detail mache „die Konstrukthaftigkeit und Austauschbarkeit von stereotypen Vorstellungen deutlich."[155]

2.1.3 Transit-Orte und Stadt-Texte

Bei der näheren Betrachtung migratorischer Texte fällt auf, dass zwei Handlungsorte eine bedeutende Rolle spielen: Orte des Transits und Großstädte. Gerade in Verbindung mit Transit-Orten ist auch die Bewegung durch den globalisierten Raum ein wichtiges Motiv in den Texten. Hierzu zählen auch fiktive Reisen und das Erzählen als Reisebewegung. Die eigentliche Migration kann, wie in *Russendisko*, *Militärmusik* und *Berlin liegt im Osten* den bloßen Rahmen der Erzählung bilden, also den Ursprung des Geschehens, oder, wie in *Zwischenstationen*, den roten Faden der Erzählung darstellen.

Lars Wilhelmer definiert Transit-Orte als „Orte, an denen Menschen sich aufhalten, ohne zu bleiben".[156] Es müssen nicht immer Gebäude sein, auch

---

[154] Vgl. Isterheld 2017, S. 236.

[155] Ebd., S. 182.

[156] 2015, S. 7.

Verkehrsmittel und Strecken können auf die Funktion des Durchgangs ausgerichtet sein. Die Moderne, „das Zeitalter der Bewegung, des Dazwischen, des Entgrenzten, des Flüchtigen", sei ohne Transit-Orte undenkbar.[157] Wilhelmer geht davon aus, Literatur der (Post)Moderne konstruiere Transit-Orte neu und verhandele zentrale Fragen der Moderne. Es seien Orte an denen etwas Bedeutsames geschehe, etwa Bewusstseinserweiterung und Faszination aber auch Reizüberflutung, räumliche Irritation oder (Selbst)Reflexion.[158] Transit-Orte ermöglichen daher eine „spezifische Konstruktion von Identität, Relation und Geschichte"[159], die sich in literarischen Texten zeige. Auch Núria Codina kommt in ihrer Untersuchung zu Transiträumen bei Emine Sevgi Özdamar und Feridun Zaimoğlu zu dem Ergebnis, dass an jenen Orten Identitätskonstrukte ausgehandelt werden. Bei Özdamar bringe „die Erfahrung des Transitorischen [...] Heimatlosigkeit mit sich", bei Zaimoğlu dagegen Beheimatung.[160]

Bahnhöfe und Flughäfen sind Transit-Orte par excellence. Sie spielen in migratorischer Literatur eine wichtige Rolle. Galli berichtet von einer wiederkehrenden Metaphorik der Gleise, Züge und Eisenbahnen, die ein fernes Anderswo evozieren.[161] Auch Zoll- und Ausweiskontrolle sind wiederkehrende Motive. Die Darstellung von Grenzräumen übernehme eine „Signalfunktion für Krisen- oder Umbruchsituationen."[162] Schon die Bezeichnung „Transit-Orte" weist aber darauf hin, dass es sich um paradoxe Orte handelt. Aus der Zusammensetzung von „Durchgang" und „Ort", also etwas Instabilem und etwas Stabilem, folgert Wilhelmer: „Wenn Orte durch Platzierungen entstehen, dann ist ein Ort, der sich aus Deplazierten zusammensetzt, ein paradoxer Ort."[163] Außerdem fungiere er lediglich als Zwischenziel, da die Akteure jederzeit auf dem Weg an einen wichtigeren Ort („perspektivisches Dort"[164]) sind. Hierauf bezieht sich auch der Moment der Entgrenzung, des Dazwischens: „Der Reisende ist nicht mehr an seinem Ursprungsort, aber auch noch nicht an seinem Zielort; er befindet sich in einem Schwebezustand des Noch-Nicht und Nicht-Mehr"[165] und nehme so eine relative Positionslosigkeit ein. Die damit verbundene Flüchtigkeit des Ortes, die „Kurzzeitigkeit von Begegnungen und Zuständen"[166] und den Eindruck des Nicht-Bleibenden nimmt der Protagonist in der Rolle des Beobachters am Bahnhof wahr.

Bei Kaminer und Veremej spielt der Transit-Ort in erster Linie in Verbindung mit der Migration, bei Martynova mit den Reisen von Russland nach Deutschland

---

[157] Ebd., S. 8.
[158] Vgl. ebd., S. 10ff.
[159] Ebd., S 48.
[160] Codina 2017, S. 43.
[161] Vgl. 2008, S. 48.
[162] Hausbacher 2009, S. 139.
[163] 2015, S. 37.
[164] Ebd.
[165] Ebd., S. 38.
[166] Ebd., S. 39.

eine Rolle. In Veremejs Roman gleicht der Abschied am Flughafen „einer Totenfeier" (BO 143), während Kaminer den weißrussischen Bahnhof von Moskau zum Ort des Aufbruchs macht, an dem Menschen wie auf einem Basar versuchen, das bestmögliche Szenario für ihre Zukunft auszuhandeln: „„Gibt es Karten nach Riga? Nein? Dann Vilna! Oder Brest?' ‚Tausche zwei Fahrkarten nach Brest gegen eine nach Riga!'" (MM 213). Auch bei Martynova steht am Beginn der Erzählung der Transit, der die Protagonistin an längst Vergangenes erinnert und eine Art Zeitschleife generiert:

> Vielleicht ist es nicht angebracht, dass ich mich jetzt, unmittelbar vor *my German vacation* (die freilich keine *vacation* ist) von russischen Versen gefangen nehmen lasse. Andererseits bin ich ja, eben gelandet, wegen russischer Verse hier. Ich werde von einer Stadt zur anderen fahren und von den seltsamsten Dichtern Petersburgs erzählen. Im Flugzeug wollte ich meine schnell in die Tasche geworfenen Vorlesungen ordnen und geriet dabei in diese Zeitflussschleife. *Andrjuscha*, werde ich sagen, wenn ich Andreas sehe, *ich bin zwanzig Jahre älter und nicht klüger geworden.*[167]

Der Titel von Vertlibs *Zwischenstationen* deutet schon darauf hin, dass es sich hier nicht allein um eine Überfahrt zwischen Aufbruchsort und Zielort handelt, sondern die Erzählung eher einer langen Zugfahrt mit einer Reihe von Zwischenhalten gleicht. Sie beginnt in der Gegenwart in St. Petersburg, Finnländischer Bahnhof. Der Bahnhof fungiert als Ort der Erinnerung: Als der Ich-Erzähler mit dem Zug dort ankommt, um Verwandte zu besuchen, erinnert er sich an den Abschied von dieser Stadt vor vielen Jahren. So kommt es zu einem Rückblick auf sein Leben, angefangen mit dem Abschied von Leningrad am Bahnhof, über eine Reihe von transitorischen Zwischenstationen wie dem Bahnhof Amsterdam Centraal oder dem Flughafen Wien-Schwechat bis hin zum Ende des Romans am Salzburger Bahnhof. Nicht nur die Transit-Orte selbst, auch die Bewegungen zwischen ihnen haben eine besondere Bedeutung für den Erzähler:

> Seit ich denken kann, war mir das Zugfahren ein besonderes Erlebnis. Und es war nicht nur das Vorbeigleiten der Stationen in der Nacht, die Faszination der in der Ferne auftauchenden Lichter, die immer größer wurden, schließlich die ganze Erde zu überfluten schienen, manchmal das Quietschen der Bremsen, dann das Reibgeräusch von Metall an Metall und der Ruck, der einen zurückschleudert in den Sitz, ein verschlafener Provinzbahnhof mit alten Arkaden und herabgelassenen Rollbalken der Geschäfte und Tabakläden, die den Eindruck erwecken, sie wären schon seit Jahrhunderten geschlossen. [...] Schließlich der Pfiff und das Weggleiten des Bahnhofs, das Knattern der verschwindenden Buchstaben auf der automatischen Anzeigetafel am Bahnsteig,

---

[167] Martynova 2012, S. 8. Im Folgenden zitiert als: (SP)

so als wäre der Zug auf einer unbekannten Route und die Anzeige des Zielortes nur ein momentan notwendiger Schwindel gewesen. (ZS 7f.) Vor allem verlassene Provinzbahnhöfe haben etwas Geheimnisvolles, hier scheint die Zeit stehen zu bleiben. Der Zug hält sich nur kurz auf, dann zieht er weiter, Zielort scheinbar unbekannt. Er könnte symbolisch für das Leben des Ich-Erzählers stehen, der selbst viele Jahre ziellos durch die Welt reist und nirgends wirklich ankommt: „Obwohl ich, wie mir scheint, schon zwanzig Jahre unterwegs bin, werden die Zielbahnhöfe angeblich erreicht." (ZS 8) Am Ende, als er als Erwachsener ein zweites Mal Russland verlässt, heißt es jedoch: „Die nächtlichen Bahnhöfe hatten ihre Faszination verloren." (ZS 24) Denn nun ist er angekommen und hat in Salzburg einen beständigen Ort und sein Zuhause gefunden.

Neben den transitorischen Orten sind die hauptsächlichen Handlungsorte bei Vertlib diverse Großstädte und Siedlungen. Bei Kaminer und Veremej ist eine Stadt besonders präsent: Berlin in der Umbruchssituation nach 1990 – die ehemals geteilte Stadt und wie sie sich in den 90ern und frühen 2000ern entwickelte.[168] Auch Martynovas Roman spielt zum Teil in Berlin, vor allem findet man hier aber, so Isterheld, das Theorem des „Petersburger Textes", bei dem die Stadt St. Petersburg auf intertextueller und metafiktionaler Ebene in den Blick gerückt wird und bestimmte strukturelle und motivische Gemeinsamkeiten mit anderen Texten dieses Kanons wie Puschkins *Pique Dame* (1834) oder Dostoevskijs *Verbrechen und Strafe* (1866) vorherrschen.[169]

Nach Heeros Konzept migratorischer Literatur lassen sich Vertlibs, Veremejs und Kaminers Texte als „Romane als Landkarten" verstehen, in denen der ‚neue' Alltagsort literarisch erkundet und durch einen alternativen Blick neu erschaffen wird.[170] Vor allem Kaminers Alltagsgeschichten spiegeln die Aufbruchsstimmung der Nachwendezeit und die wirtschaftlichen, sozialen und städtebaulichen Veränderungen wider. Als „Indikatoren des Wandels" beschreibt Fischer-Kania etwa die Figur des Bauarbeiters, Baustellen, den Bau von Einkaufszentren, Kommerzialisierung, Verdrängung des kleinen Einzelgewerbes, den Einzug der modernen Technik etc.: „Der Wechsel von sozialistischer Plan- zur kapitalistischen Marktwirtschaft hat die Räume der Stadt verändert."[171] Auch bei Veremej findet man den Fernsehturm eingerahmt von drei Baukränen bereits auf dem Cover. Fernsehturm und Alexanderplatz als Symbole für den Osten und städtebauliche und wirtschaftliche Veränderungen machen Berlin bei Veremej wie bei Kaminer zu

---

[168] Ledanff berichtet von einem allgemeinen Anstieg der Berlinliteratur mit dem Mauerfall. Den Autor/innen nicht-deutschsprachiger Herkunft räumt sie dabei eine Sonderstellung ein, da diese die Stadt aus einem anderen, fremden Blickwinkel betrachten. Vgl. Ladanff, Susanne (2009): *Hauptstadtphantasien. Berliner Stadtlektüren in der Gegenwartsliteratur 1989-2008*. Bielefeld: Aisthesis, S. 589ff.

[169] Vgl. 2017, S. 325f.

[170] Vgl. 2009, S. 216.

[171] 2010, S. 263.

einem Schauplatz politisch-sozialer Umbrüche. Anders als bei Kaminer ist der Grundton bei Veremej jedoch eher negativ:

> Tatsächlich erweist sich Berlin in Veremejs Roman weder als paradiesische noch als durch und durch westliche Stadt. Zwar trifft Lena allenthalben auf Konsumtempel und globale FastFood-Ketten, diese werden jedoch nicht (mehr) mit zivilisatorischem Fortschritt, sondern kapitalistischer Hybris, Unheil und Verderben semantisiert [...].[172]

Vor allem der Prenzlauer Berg wird bei Veremej ganz anders als bei Kaminer dargestellt, nämlich im Spiegel von Gentrifizierungsprozessen seit 1990, die das Viertel zu einem „Wunderland" (BO 93) machen, das für die Erzählerin unerreichbar bleibt. Isterheld sieht hier eine Perspektivlosigkeit, die sich

> als passendes Pendant zum desorientierten Figurenpersonal präsentiert. Lenas Streifzüge durch Berlin sind daher als Selbsterkundungsreisen zu verstehen, die sich den Stadtraum als mentale Projektionsfläche aneignen und die Identitätskrise der Ich-Erzählerin vor dem Hintergrund der urbanen Umbruchsituation nach dem Mauerfall auch räumlich erfahrbar machen.[173]

In diesem kritischen, desillusionierten Grundton von Veremejs Roman, den prototypischen Schauplätzen und dem Motiv des urbanen Umbruchs lassen sich intertextuelle Verknüpfungen zu Döblins *Berlin Alexanderplatz* (1929) herstellen. Wie bei Martynova werden vor allem anhand der Intertextualität Bezüge zum Großstadtroman als Sonderform des Gesellschaftsromans geschaffen. Bei Kaminer dagegen stehen nicht intertextuelle Bezüge, sondern Momentaufnahmen der Stadt im Vordergrund, bei denen die Bewegung durch den Raum keine besondere Rolle spielt. Ortswechsel seien zwar häufig, passierten aber eher sprunghaft: „Raumgreifendes Flanieren ist nicht Kaminers Sache."[174] Wichtiger ist die Abgrenzung des Prenzlauer Bergs von anderen, vor allem westlichen Stadtvierteln – dem „Reich der Reichen" (RD 160). So können Kaminers Texte nicht nur als Metropolenliteratur im Allgemeinen, sondern als Kietzliteratur im Besonderen gelten.

---

[172] Isterheld 2017, S. 236.
[173] Ebd., S. 239f.
[174] Peters 2012, S. 120.

2.2 Die Hybridisierung des Erzählens

Die Vermischung unterschiedlicher Genres und literarischer Formen in migratorischer Literatur nennt Hausbacher das charakteristische „blurring of genres" in der Migrationsliteratur.[175] Die Texte lassen sich oft nicht nur als Coming of Age-Storys, Entwicklungsromane, Familienromane, Reiseerzählungen oder Metropolenliteratur charakterisieren, sie sind auch hinsichtlich ihrer Erzählstrategien von Hybridität und Duplizität gekennzeichnet. Sie lassen sich zudem nicht eindeutig zwischen Trivial- und Hochliteratur einordnen, wie die Diskussion um Kaminers Werke beispielhaft zeigt. Dirk Uffelmann etwa verortet Kaminer eindeutig in der Popliteratur.[176] Kaminer selbst bringt seine proletarische Erziehung als Gegenargument ein, da sie sich von heutigen Popliteraten mit ihrer „Wohlstandskindheit" und „konservative[n] Gesinnung" strikt abgrenze.[177] Thomas Ernst stützt die Gegenargumentation mit seiner Analyse typischer Positionsfelder der Popkultur bei Kaminer und dem Ergebnis: „Die westliche Mainstreammusik wird lächerlich gemacht, demgegenüber dienen russische, sibirische und bulgarische (Rock-)Musiken als positive Bezugspunkte."[178] Andererseits sei Kaminer als Bestsellerautor ein „Phänomen der Massenkultur".[179] Ellen Rutten verortet ihn daher sowohl im „high brow"- als auch im „low brow"-Bereich und sieht den Grund für Kaminers Erfolg in beiden Kulturbereichen, vor allem aber in der „Subversion von nationalen Stereotypen".[180] Wanner dagegen plädiert dafür, von einer Einordnung zwischen Trivial- und Hochliteratur gänzlich abzusehen: „Perhaps it is beside the point to speculate about the quality or 'greatness' of an oeuvre whose banality seems intentional."[181]

Dass gerade Kaminers Literatur so gespaltene Meinungen generiert, mag daran liegen, dass seine Texte in der Regel keine Romane sind und damit schneller als trivial abgewertet werden. Selbst *Militärmusik* erinnert eher an eine Sammlung von Kurzgeschichten, stehe jedoch, so Wanner, in der Tradition pikaresker Romane, wie sie im 16. Jahrhundert in Spanien entstanden. Als charakteristische Merkmale dieser Schelmenromane versteht er bei Kaminer die Form der sozialen Satire, die mit der ungewöhnlichen Geburt und Kindheit eines Helden beginnt, der sein Leben aus Sicht eines Außenseiters aus der Gesellschaft schildert und dabei eine Art Vogelperspektive mit Blick von oben einnimmt, indes aber Ich-Erzähler bleibt.[182] In panoramatisch-episodischer Erzählweise geht es um Schurkenfiguren und ihre Aktivitäten in der Untergrund-Szene, um paradiesische Visionen, etwa vom „Kommunismus ohne Phrasen" (MM 147) und auch, wenngleich

---

[175] Vgl. 2009, S. 119.
[176] Vgl. 2003, S. 283.
[177] Wiedenroeder-Skinner 2004.
[178] 2006, S. 154.
[179] Hausbacher 2009, S. 266.
[180] 2007, S. 124.
[181] 2005, S. 603.
[182] Vgl. ebd., S. 598ff.

nur am Rande, ums Jüdisch-Sein. Am Ende hat es der Held geschafft, ein ehrbares Mitglied der Gesellschaft zu sein.[183]

Neben Kaminers humoristischen Schelmengeschichten im Plauderton gleicht Vertlibs *Zwischenstationen* einer tiefgreifenden Odyssee-Erzählung, die noch am ehesten an einen Entwicklungsroman erinnert. Veremejs *Berlin liegt im Osten* wird in erster Linie als Berlin- oder Wenderoman in Anlehnung an Döblin verstanden, während Martynovas *Sogar Papageien überleben uns* dagegen ein hochkomplexer Roman in der Tradition der russischen Avantgarde ist. Obwohl die Texte sich so unterschiedlicher Genres und Formen bedienen, scheint es aber ein bestimmtes erzählerisches Repertoire zu geben, dessen sie sich bedienen. Eva Hausbacher vertritt die These, dass es eine literarische Migrationsästhetik gebe und erarbeitet einen Kriterienkatalog zu Darstellungsverfahren und Analysekategorien mit deren Hilfe Migrationsliteratur beschrieben werden kann. Auf stilistischer und rhetorischer Ebene seien (Selbst-)Ironie, Humor, Satire, Parodie, Mimikry, die Überzeichnung von Stereotypen, groteske Verfremdung, ein synkretistischer Stil, ein „ironisches Spiel mit Exotismen" und eine „explizite Rollenannahme tradierter und oftmals national markierter Modelle" klassische Erzählstrategien migratorischer Texte.[184] Vor allem bei Kaminer ist die Gratwanderung zwischen Ironie und Klischee, gepaart mit einer gewissen Naivität der Hauptfigur, das wichtigste Stilmittel. Nationale Stereotype sowie Geschlechter- und Heterostereotype durchziehen den Text in Form einer parodistischen Persiflage. Die sprachlich-stilistische Einfachheit, die Kurzatmigkeit des Textes, das anekdotische Erzählen, die oberflächliche Figurenzeichnung und die rudimentären Plots machen den literarischen Minimalismus von Kaminers Werken aus. Besonderheiten seiner Literatur, die auf eine Poetik der Migration hinweisen, sieht Hausbacher in der Gleichzeitigkeit des fremden und des eigenen Blicks, in Verfremdungseffekten und in der Performativität seiner Texte, die in Lesungen und Hörbüchern in Form seines russischen Akzentes zum Einsatz kommt – all das mache „Fremdheit in der Fiktion erfahrbar."[185]

Die Stilmittel, die Hausbacher der Poetik der Migration zuschreibt, haben oft einen kultur- oder gesellschaftskritischen Zweck. So heißt es über den Einsatz von Mimikry als parodistischer Nachahmung etwa, sie sei ein Werkzeug, das gegen rassistische Klischees und „Mechanismen der identitären Festschreibung kritisch"[186] interveniere. Auch Isterheld schreibt, dass Kaminers Alltagsbeobachtungen aus der Perspektive des Fremden geradezu prädestiniert sind, „Macht- und Diskriminierungsstrategien sichtbar zu machen."[187] Die Machtlosigkeit der Migrant/innen und die Willkür des Asylsystems wird mit Personifizierungen

---

[183] Vgl. ebd., S. 604.
[184] Hausbacher 2009, S. 118f.
[185] Ebd., S. 279f.
[186] Ebd., S. 142.
[187] 2017, S. 396.

unterstrichen: „In den einen Asylbewerber verliebt sich das Asylrecht auf den ersten Blick und lässt ihn nicht mehr gehen. Den anderen tritt es in den Arsch." (RD 87)

Über die literarischen Formen und Erzählweisen migratorischer Texte fasst Hausbacher Folgendes zusammen: die Figurenführung hängt immer mit dem Erzählerstandpunkt zusammen, das Verhältnis zwischen den Erzählinstanzen sei lose, der *point of view* verschiebe sich häufig, die Erzählerperspektive sei von Multiperspektivität geprägt und eine analeptische Erzählweise sei charakteristisch und zeige die untrennbare Verflechtung von Vergangenheit und Gegenwart auf.[188] Typisch seien Stellungnahmen des Erzählers wie „kritisch-ironische Kommentare zu den Figuren, generalisierende Aussagen, aber auch appellartige Erzähleräußerungen wie z.B. Leseranreden […], die der Sympathielenkung dienen".[189]

Die analeptische Erzählweise findet sich in den meisten Werken wieder, äußert sich aber unterschiedlich. Bei Kaminer, Vertlib und Veremej sind es oft Einschübe und spontane Orts- und Gedankensprünge mitten im Text, bei Martynova werden sie kapitelweise geordnet. Hier markieren Zeitstrahle, in welchen Jahren sich die jeweiligen, stets kurz gehaltenen Kapitel bewegen. Die erzählte Zeit reicht vom 5. Jahrhundert v. Chr. bis in die Gegenwart, bedient sich aber einer anachronistischen Erzählweise mit zahlreichen Querverweisen und Verknüpfungen. So entsteht kein geordnetes, lückenloses Panorama, sondern vielmehr ein Mosaik russisch-deutscher Geschichte. Isterheld sieht hier keine Verbindung zu realistischer Erzähltradition sondern vielmehr einen „radikalen Subjektivismus und de[n] Genie-Gedanken romantischer Prägung".[190] Bei Martynova manifestiert sich die Vergangenheit über bestimmte Gegenstände und bleibt in ihnen präsent. Die Erzählerin teilt sie ein in *Dinge von früher* („Boten der geköpften Zeit" (SP 15)), *gewöhnliche Dinge des sowjetischen Lebens* und *Dinge aus einem anderen Leben* (dem Westen). Sie tauchen im Verlauf der Erzählung immer wieder auf und sind einer stetigen Neuperspektivierung unterworfen, unterstützen aber auch das Verweben von Vergangenheiten und Gegenwart.

Bei Vertlib stehen die Rückblenden und Einschübe weniger im Vordergrund. Dadurch, dass der Ich-Erzähler in *Zwischenstationen* zu Beginn des Romans im Präsens erzählt („Nur wenige Menschen warten auf dem Bahnsteig. Als ich aussteige […]" (ZS 5)) wirkt die gesamte folgende Erzählung wie ein Rückblick. Erst am Ende des Romans befindet er sich wieder in der Gegenwart. Die Zugfahrt, die schon am Anfang des Romans stand, scheint die Erzählung einzurahmen. Auch am Ende steht eine Ankunft an einem Bahnhof: „Der Zug fährt auf einer kurvenreichen Strecke zwischen Wallersee und Salzburg durch einen dichten Fichtenwald. […] Als ich aussteige, atme ich tief durch." (ZS 300)

---

[188] 2009, S. 117f.
[189] Ebd., S. 140.
[190] 2017, S. 318.

Migratorische Texte seien außerdem, so Hausbacher, von Mehrsprachigkeit und Heteroglossiekonzeptionen gekennzeichnet.[191] Mehmet Ünlüsoy spricht den Autor/innen mit Migrationshintergrund eine besondere Sensibilität für Ausdrucksformen im Deutschen zu, weshalb in ihrer Literatur eigene Stilformen und eine neue Metaphorik entstünden.[192] Sprache diene nicht mehr in erster Linie der Kommunikation, sondern sei „ein Werkzeug kultureller Konstruktion, mit dessen Hilfe unsere wahre Identität und unser wahrer Sinn konstituiert werden".[193] So wird anhand von Sprache auch kulturelle Hybridität deutlich. Am prägnantesten äußert sich Mehrsprachigkeit in Vertlibs *Zwischenstationen*. Hier findet man zwar selten russische Einflüsse, häufig aber österreichische wie „*Saubuam, depperte* und *Tschuschn*" (ZS 36), „Sei ruhig, du bleder G'schropp. Mit dir red't eh kaana." (ZS 70) oder „Tschuldigung der Herr, derf' i' Sie wos frogn?" (ZS 300). Die einzigen Worte, die der Ich-Erzähler in der kurzen Zeit in den Niederlanden lernt sind „'Dank U', 'Alstublieft' und 'Ik begrijp U niet'" (ZS 79). Beim Englisch lernen in den USA wiederholt er jeden Abend die gleichen Phrasen: „Excuse me, Sir, could you tell me, what time it is? [...]" (ZS 152). Bei Kaminer sind solche Einflüsse selten. So kommt auch Hausbacher zu dem Schluss, dass „von einer kreativen Synthese und Dynamisierung der Sprache durch den Sprachwechsel [...] bei ihm [Kaminer] nicht die Rede sein [kann]."[194] Bei Veremej und Martynova sind es eher intertextuelle Bezüge statt Mehrsprachigkeit, die den Text durchziehen, wenngleich Martynovas Deutschlehrerin Marina von den Lernschwierigkeiten ihrer Studenten berichtet, wie etwa dem „unauffindbaren Unterschied zwischen *Kasten* und *Kästen, Schublade* und *Schieblade, Düte* und *Tüte*" (SP 10).

Duplizität gilt für die Texte der Migration als Leitmotiv in Figurenkonstellation und Milieugestaltung. Gerade letzteres äußert sich in einer Verdopplung der Zeitebenen, da parallel Geschehnisse aus Vergangenheit und Gegenwart berichtet werden und einem doppelten Ort, da die Geschehnisse der Vergangenheit zumeist in der Sowjetunion situiert sind, während die Gegenwartsebene in Deutschland bzw. Österreich spielt. Auch die Figuren seien häufig „doppelte oder multiple Persönlichkeiten und Doppelgängerfiguren", deren Abspaltung von der Heimat zu einer Spaltung des Ichs führe.[195] So kann man das Personal der hier untersuchten Werke unter Wanners Bezeichnung „hybride[] Identitäten in einer multikulturellen Welt"[196] zusammenfassen, und doch weisen sie ganz unterschiedliche Spezifika auf. Kaminers Personal besteht vornehmlich aus Einwandererfiguren. Doch es sind Charaktere ohne Tiefe, oder um mit Sacha Varna zu sprechen: „Es sind Wachsfiguren in einem Kuriositätenkabinett, die zerfließen, sobald man ihnen mit

---

[191] Vgl. 2009, S. 142.
[192] 2007, S. 129.
[193] Chambers 1996, 28
[194] 2009, S. 278.
[195] ebd., S. 141.
[196] Zit. nach ebd., S. 253.

dem Scheinwerfer zu nahe kommt."[197] Es gibt keine psychologischen Innenansichten des Ich-Erzählers und keine Schilderung eines Entwicklungsprozesses. Die Figur des russischen Juden wird zum „Papiertiger" mit „stereotypen (sowjetischen) antisemitischen Vorstellungen"[198] von der jüdischen Kultur. Ganz anders bei Vertlib, dessen Hauptfigur laut Strasser eine „moderne Illustration des Mythos des ‚Ewigen Juden'" sei, der sein Glück im Westen machen will.[199] Veremejs Figuren sind dagegen typische Wendefiguren:

> Wir beide haben einen Großteil unseres Lebens unter roten Fahnen verbracht, unsere Sensoren und Antennen bleiben wohl für immer nach links gekippt, selbst wenn wir uns ehrlich bemühen, sie aufrecht und in der Mitte zu halten. Wir sind halt Ossis, und wie viele andere Ossis auch müssen wir uns mit der schizophrenen Zwiespältigkeit der Erinnerung tragen: Der Verstand weiß Bescheid, die Seele aber zweifelt und will nicht glauben, dass all die Erfahrungen der untergegangenen Zivilisation nutzlos und lächerlich waren. (BO 44)

Die Hauptfiguren Lena und Ulf sind klassische Wendeverlierer, während ihnen gegenüber die Figur des Zahnarztes Roman steht, der für Lena zur Projektionsfläche (post)sowjetischer Vorstellungen und Hoffnungen wird: „Er ist ein großer Atheist – westlich, nüchtern, modern!" (BO 217). Ulf dagegen riecht nach „Tod […], nach Untergang, nach Wehmut, nach Vergangenheit" (BO 229). Die beiden männlichen Figuren gehören, so Isterheld, „zum klassischen Bildrepertoire des Ost-West-Diskurses", der an zahlreichen Stellen in diesem Roman zum Einsatz kommt.[200] Am Ende jedoch hat sich die Beziehung zum Zahnarzt Roman „analog zu den Hoffnungen auf den goldenen Westen als Illusion enttarnt"[201] und Lena findet in dem ostdeutschen Ulf Seitz eine verwandte Seele.

---

[197] 2001.
[198] Hausbacher 2009, S. 258.
[199] 2006, S. 110.
[200] 2017, S. 234.
[201] Ebd., S. 245.

2.3 Zwischenfazit

Die Attribute, die die Informatikerin ihrem Roboter in Yoko Tawadas *Ein Brief an Olympia* einprogrammiert, finden sich auch in den Werken der hier untersuchten Autor/innen der zweiten Stimme wieder. Es ist, wie Dickstein schreibt, oftmals die gleiche Geschichte: „about their coming of age, their sense of estrangement and cultural displacement, the ordeal of language, the conflicts between generations, and their need for acknowledgment within their new world."[202] Dank der Werkanalysen lassen sich bestimmte Entwicklungen und Trends verfolgen. Die Literatur von Migrant/innen beinhaltet demnach häufig bestimmte Topoi und Motive, wie die Konzentration auf geschichtliche und biografische Stoffe, die Migration selbst oder das Thema der Heimat und – wenngleich nur noch rudimentär – des Heimatverlustes. Die Texte zeigen aber, dass Heimatkonstruktionen in migratorischer Literatur wandelbar sind. Die Tendenz scheint eine Aufhebung oder Verflechtung von Binäroppositionen wie Heimat und Fremde zu sein. Simultan dazu entwickeln migratorische Texte häufig postkoloniale und transnationale Identitätsentwürfe. Identität wird verhandelbar und als konfliktiv konstruiert. Die These, dass migratorische Literatur besonders häufig Orte des Transits und der Urbanität gestaltet, hat sich klar erwiesen. Darüber hinaus hat sich gezeigt, dass der Einbau eines klischeehaften russisch-sowjetischen Symbolinventars zu einer erfolgreichen Markenbildung geführt hat. Teil dieses Inventars ist auch das Personal des Romans, das häufig Konzeptionen von „Sowjetmenschen", „immigrant chic" oder des „ewigen Juden" verwenden. Oft sind es aber auch außertextuelle Einflüsse wie Vermarktung und Rezeption, die die Werke in das Licht der Migrationsliteratur stellen.

Wie Martynovas Roman zeigt, kann migratorische Literatur inhaltlich auch ganz andere Schwerpunkte setzen. Autobiografische Aspekte und die Migration treten hier in den Hintergrund, im Fokus steht ein Mosaik deutsch-russischer Geschichte. In seiner Fragmentierung und Rätselhaftigkeit sperrt sich der Roman gegen eindeutige Lesarten. Auch Veremejs Roman erarbeitet eine duale Systemkritik, die sich in den anderen beispielhaft betrachteten Werken so nicht wiederfindet. Der Westen präsentiert sich hier zunächst als verherrlichter Sehnsuchtsort, der im Kontrast zur Sowjetunion steht, die mit Armut, Perspektivlosigkeit und Unfreiheit assoziiert wird. Später erkennt die Protagonistin ihren Trugschluss und die Darstellung des Westens kippt zum Motiv des kapitalistischen Ausbeuters. Dem gegenüber stehen Kaminers übertrieben positive Wahrnehmungen von Berlin als multikultureller Stadt, in der sich alle Hoffnungen des Emigranten erfüllt haben.

Was die formale Ebene betrifft, so sind sich die Texte darin ähnlich, dass sie aus der Perspektive eines der Autorenperson biografisch nahen Ich-Erzählers mithilfe analeptischer Rückblenden oder chronologischer Erzählung in überwiegend realistischen Schreibweisen von Migrationserfahrung berichten. Hybridität

---

[202] 2008, S. 130.

scheint zum Leitmotiv der Erzählstrategien migratorischer Texte geworden zu sein. Darüber hinaus gestalten sich die Texte aber mitunter sehr unterschiedlich. Die Verwendung rhetorischer Mittel lässt sich, unter anderem wegen der unterschiedlichen Genres, nur schwer verallgemeinern. Auch in ihren Heteroglossiekonzeptionen und Figurenkonstellationen gehen die Texte verschiedenartig vor. Während Kaminer seinen Schelmenroman etwa mit extrem oberflächlich gezeichneten Figuren ausstattet, schildert Vertlib detailliert den Reifeprozess seines Protagonisten wie in einem Entwicklungsroman. Anhand der mehrsprachigen Einflüsse, wird dem Leser die Zerrissenheit des Protagonisten noch deutlicher vor Augen geführt.

Die Analyse migratorischer Literatur der zweiten Stimme hat gezeigt, dass es durchaus gemeinsame Charakteristika gibt. Die Schlagworte Autobiografie, Reise, Migration und Coming of Age, die dem Roboter in Yoko Tawadas Erzählung einprogrammiert werden, finden sich in jedem der untersuchten Romane wieder. Dennoch wirken sich diese Themen ganz unterschiedlich auf die Texte aus. Im Folgenden soll nun Literatur der dritten Stimme vergleichend untersucht werden. Greift sie Themen und Formen der zweiten Stimme auf? Oder entfernt sie sich weiter von ihr, sodass die Kategorisierung migratorischer Literatur gar obsolet wird?

3. Die Literatur der „dritten Stimme"

Besonders der Roman *Zwischenstationen* von Vladimir Vertlib, der sich nur schwer in die zweite oder dritte Stimme einordnen lässt, zeigte immer wieder Abweichungen und alternative gestalterische Mittel. Geht man daher davon aus, dass Vertlib eher ein Autor der dritten Stimme ist, lässt sich die These aufstellen, dass migratorische Literatur der dritten Stimme neue thematische und formale Schwerpunkte entwickelt und sich so von der Literatur der zweiten Stimme abgrenzt. Daher sollen im folgenden Kapitel Werke von Autor/innen dritter Stimme untersucht werden.[203] Sie alle kamen in der vierten Emigrationswelle als Kinder mit ihren Eltern nach Deutschland. Sie sprechen Deutsch und Russisch als Muttersprachen – Deutsch im sozialen und beruflichen Kontext, Russisch in der Familie. Eröffnen sie, die während der Migration noch Kinder waren, neue Perspektiven auf den Migrations-Diskurs?

Olga Grjasnowa wurde 1984 in Baku geboren und lebt seit 1996 in Berlin. Nach ihrem Debütroman *Der Russe ist einer der Birken liebt* (2012) erschienen die Romane *Die juristische Unschärfe einer Ehe* (2014) und *Gott ist nicht schüchtern* (2017). Sasha Marianna Salzmann wurde 1985 in Wolgograd geboren. Sie lebt seit 1995 in Deutschland. Salzmann ist in erster Linie Dramatikerin, *Außer sich* (2017) ist ihr erstes Prosa-Werk. Dimitrij Kapitelman, geboren 1986 in der Ukraine, lebt seit 1994 in Deutschland. Auch er legte mit *Das Lächeln meines unsichtbaren Vaters* (2016) ein Romandebüt vor.

---

[203] Aufgrund des begrenzten Umfangs kann diese Arbeit nur eine ausschnitthafte Untersuchung gewährleisten. Weitere Werke der dritten Stimme in der deutschsprachigen Gegenwartsliteratur sind etwa Marjana Michailowna Gaponenkos Romane, zuletzt *Das letzte Rennen* (2016) sowie Lena Goreliks Werke, zuletzt *Mehr Schwarz als Lila* (2017), Nikita Afanasjews *Banküberfall, Berghütte oder ans Ende der Welt* (2017), Lana Lux' *Kukolka* (2017), Dimitrij Walls *Gott will uns tot sehen* (2015), Kat Kaufmans *Superposition* (2015) und *Die Nacht ist laut, der Tag ist finster* (2017), Anna Galinkas *Das kalte Licht der fernen Sterne* (2016) und *Das neue Leben* (2017), Wlada Kolosowas *Russland to go* (2012) und *Fliegende Hunde* (2018), Mitja Vachedins *Engel sprechen Russisch* (2017), Alina Bronskys Romane, zuletzt *Und du kommst auch drin vor* (2017) oder Julya Rabinowichs Werke, zuletzt *Dazwischen: Ich* (2016).

3.1 Olga Grjasnowa: Der Russe ist einer, der Birken liebt

Olga Grjasnowas erster Roman ist ein vielschichtiges Werk, dessen zentrale Aspekte um die Themen Herkunft und Heimat, Stereotype und Rassismus, vergangene und gegenwärtige Weltpolitik und deren Auswirkungen auf das eigene Leben und die Familiengeschichte, den Verlust einer geliebten Person und das Erwachsen-Werden kreisen. Die Protagonistin und Ich-Erzählerin Mascha (Maria), geboren in den 1980ern als Tochter russisch-jüdischer Eltern in Baku, musste in den 1990ern mit ihrer Familie nach Deutschland fliehen. Einer der zentralen Handlungsstränge erzählt von den Pogromen im Januar 1990 in Baku, den bürgerkriegsartigen Zuständen im Konflikt zwischen Aserbaidschanern und Armeniern und der Übersiedlung der Familie Kogan nach Deutschland. Der andere Erzählstrang zeigt die Gegenwart: Mascha ist gerade dabei, ihr Dolmetscher-Studium in Frankfurt am Main zu beenden, als ihr Freund Elias plötzlich verstirbt und sie in ein tiefes Loch aus Trauer und Depression fällt. Beide Erzählstränge beschreiben Traumata, die, wenngleich sie sehr unterschiedlicher Art sind, immer wieder auch miteinander verknüpft werden. Als Mascha nach Elias' Tod seine Sachen in der gemeinsamen Wohnung in Kisten verpackt, erinnert sie sich etwa an einen anderen unfreiwilligen Abschied: „Ich verlor mich in Töpfen, Pfannen und Blumen und dachte an unsere alte Wohnung in Baku. Wie Mutter alles verkaufte, wie unsere Sachen weniger wurden und neue Besitzer kamen."[204] Um Abstand zu gewinnen beschließt sie, einen Job in Israel anzunehmen.

Der Roman ist in vier Teile gegliedert und jeweils in kurze Unterkapitel aufgeteilt. Teil eins und zwei spielen in Deutschland, Teil drei und vier in Israel und Palästina. Die Erzählweise ist analeptisch. Zwischen den im Präteritum erzählten Geschehnissen der scheinbar unmittelbaren Vergangenheit gibt es immer wieder Rückblenden ins Baku der 1990er Jahre. In der Absurdität des Erzählten findet sich das wichtigste Stilmittel des Textes: „Ich richtete mich im Bett auf und sah zu, wie sie durch das Zimmer lief und sich nervös ein Haar nach dem anderen ausriss." (RB 233) Die Ich-Erzählerin Mascha trifft eine ungewöhnliche Auswahl an Attributen, wenn sie die Menschen in ihrer Umgebung beschreibt: „Auf der Hinterbank saßen zwei Jungs, die alle vegan und nervös auf ihren Sitzen hin und her rutschten." (RB 259). Die Situationen, in denen sie ihren verstorbenen Freund Elias zu sehen glaubt, reichen mitunter gar ins Groteske: „Elias hatte keinen Hunger, lag apathisch auf dem Sofa, unter einer dünnen Decke und zappte durch die Kanäle. Ich setzte mich zu ihm und schmiegte mich an ihn. [...] Die Leichenstarre hatte bereits eingesetzt." (RB 255) Im letzten Absatz des Romans, als Mascha wieder einmal Elias zu sehen glaubt, ändert sich die Zeitform des Textes plötzlich. Im Präsens heißt es nun: „Ich hake mich bei ihm unter, und wir gehen eine Weile nebeneinander her." (RB 284) Diese Veränderung suggeriert, die Ich-Erzählerin habe von diesem Punkt der Gegenwart aus ihre Geschichte rückblickend erzählt. Das Ende ist dementsprechend offen. Das Unterhaken und Mitgehen mit einem

---

[204] Grjasnowa 2017, S. 148. Im Folgenden zitiert als: (RB)

Toten deutet aber möglicherweise den Tod Maschas an, die zuvor in eine Auseinandersetzung mit Waffengewalt geraten ist. Aufgrund der verschiedenartigen Themen finden sich Merkmale unterschiedlichster Romangattungen wieder. Die immer wieder einfließenden Erinnerungen verschiedener Figuren an Krieg, Flucht und Vertreibung sowie das Hinterfragen problematischer Konzepte wie Heimat und Zuhause, die Themenkomplexe Sprache, Sprachwechsel und Mehrsprachigkeit sowie Rassismus und Diskriminierung sind charakteristische Motive migratorischer Literatur. Ebenso zentral sind Themen wie Studium, erster Job, (Liebes)Beziehungen und Beziehungsprobleme, Eifersucht, Bisexualität, Homosexualität, Alkohol, Drogen und Konflikte mit den Eltern. Grjasnowas Werk erinnert deshalb auch an Coming of Age-Romane und Popliteratur. Mitunter nimmt es auch die Form eines Familienromans an und weist Merkmale der Erinnerungsliteratur auf. Ganz zentral ist aber auch das Thema Tod und die Verarbeitung des Verlustes von Elias, einhergehend mit dem Kampf gegen das Vergessen. Mascha hat schwere psychische Probleme, Panikattacken, Depressionen und Halluzinationen. In Israel meint sie häufig, Elias zu sehen und mit ihm sprechen zu können. Sein Tod führt Mascha außerdem dazu, sich mit ihrem jüdischen Erbe auseinanderzusetzen, wenngleich sie sich weiterhin vom Judentum distanziert:

> Der jüdische Glaube sagt, dass die Seele den Körper zum Zeitpunkt des Todes verlässt, dann aber in der Nähe bleibt, bis der Körper begraben ist, deshalb darf der Körper nicht alleine gelassen werden. Aber Elischa war nicht jüdisch, und ich war nicht religiös. (RB 102)

Im jüdischen Glauben findet sie keinen Trost: „Der Talmud gebietet, den Toten zu gedenken. Hätte ich ihn zur Hand gehabt, hätte ich ihn in einen Ofen geschmissen." (RB 104) Mascha ist in erster Linie eine Figur der Widersprüche. So sehr sie auf der Jagd nach menschlicher Zuneigung ist und sich Hals über Kopf in Männer und Frauen verliebt, so schnell ist sie wieder auf der Flucht vor jenen Menschen. Sie ist ehrgeizig und gleichgültig, todernst und depressiv, gleichzeitig lebenshungrig und abenteuerlustig. Außerdem ist sie eine Figur der Interkulturalität, die nicht *eine* Heimat als eindeutigen Bezugspunkt, durchaus aber viele kleine Heima*ten* hat. Felix Kampel stellt in seiner umfassenden Untersuchung *Peripherer Widerstand* Analogien von Grjasnowas Protagonistin zu Lena Goreliks Figur der Anja aus *Hochzeit in Jerusalem* (2007) her. Anja wie Mascha durchbrächen beispielhaft für Figuren migratorischer Literatur die vier kulturellen Homogenitätskriterien Territorium, Religion, Ethnie und Sprache.[205] Sie wurden in Russland bzw. der Sowjetunion geboren, leben heute aber in Deutschland und sind international unterwegs. Beide Figuren wahren eine atheistische Distanz zu ihren jüdischen Wurzeln innerhalb einer christlich beziehungsweise muslimisch geprägten Umgebung. Darüber

---

[205] Kampel richtet sich hier nach den vier kulturell-elementaren Kriterien aufgestellt von Ernest Renan, in: dergl. (1996): *Was ist eine Nation?* Rede am 11. März 1882 an der Sorbonne. Hamburg: Europäische Verlagsanstalt.

hinaus sehen sie sich selbst weder als Russinnen, Aserbaidschanerinnen oder Sowjet-Menschen, noch vordergründig als Jüdinnen oder Deutsche, sprechen aber beide Russisch und Deutsch als Muttersprachen.[206] Mascha spricht als Dolmetscherin zudem fünf weitere Sprachen. Kampel kommt zu dem Schluss, Goreliks und Grjasnowas Erzählungen seien als „transnationale Gegen-Geschichte[n]" zu verstehen, die, in Anlehnung an Homi Bhaha, „die ‚totalisierenden Grenzen‘ der Nation durch transnationale Schreibstrategien verwisch[en]."[207]

Wie Mascha selbst, so haben auch die meisten anderen Figuren des Romans einen Migrationshintergrund – eine Formulierung, die Mascha übrigens strikt ablehnt: „Schlimmer wurde es lediglich beim Adjektiv *postmigrantisch.*" (RB 12) In Deutschland sind es etwa ihr Freund Cem, dessen Familie aus der Türkei stammt, ihr Ex-Freund Sami, der im Libanon geboren wurde oder ihre muslimische Liebhaberin Sibel, die von zu Hause weglief, um einer Zwangsverheiratung zu entgehen. Selbst Elias, der keinen Migrationshintergrund per se hat, wird als innerdeutscher Migrant aus dem Osten dargestellt. Randfiguren übernehmen gelegentlich die Funktion der Projektionsfläche für Mascha und ihre Freund/innen. Einmal beobachten Mascha und Cem einen Jungen und malen sich seine Zukunft aus:

> „Er wird es schwer haben", sagte Cem und deutete auf den Jungen. „Vielleicht auch nicht." Cem sah mich spöttisch an. „Doch, bald wird er einsehen, dass er anders ist als sie. Noch denkt er, dass alle gleich sind. Aber bald wird er bemerken, dass er schwarz ist." (RB 220)

Auch im Nahen Osten sind es oft Personen mit Migrationshintergrund, zu denen Mascha in Kontakt tritt, wie Sam, der „in Berlin geboren worden war und vor ein paar Jahren Alija gemacht hatte" (RB 178) und der es Mascha zum Vorwurf macht, dass sie in Deutschland lebt. Maschas Fahrer in Tel Aviv kommt eigentlich aus Sibirien und kann Straßenschilder weder auf Hebräisch noch Arabisch lesen. Der Roman lebt von diesen hybriden Identitäten. Er wird jedoch mit dem Eintritt nach Israel und Palästina auch deutlich politischer. Der Nahostkonflikt, vor allem der Konflikt zwischen Israelis und Palästinensern, zwischen Juden und Arabern, steht hier thematisch im Zentrum. Mascha versucht objektiv zu bleiben und Meinungen und Perspektiven neutral zu präsentieren. Wenngleich sich das Buch selbst durch seine Gliederung in vier Teile Israel (Teil drei) und Palästina (Teil vier) gesondert widmet, macht Mascha – trotz ihrer jüdischen Wurzeln – keine große Sache aus dem Grenzübertritt nach Palästina. Im Gegenteil: Auf die Warnung ihrer Freundin, dies sei kein Sonntagsausflug, entgegnet sie nur: „Für mich sieht es hier so ziemlich nach Sonntag aus." (RB 259)

Schon zuvor in Israel hält die politische Anspannung Einzug in fast jede Situation des Alltags von Mascha. Bereits bei der Ankunft in Tel Aviv wird Maschas Laptop von den israelischen Sicherheitsbehörden zerstört, weil sie die Tastatur

---

[206] Vgl. Kampel 2017, S. 54 sowie S. 138f. und S. 207ff.
[207] Ebd., S. 207.

mit den für arabisch Lernende und Dolmetscher nötigen arabischen Schriftzeichen beklebt hat. In den Gesprächen mit den Menschen in Israel und Palästina geht es meistens um Ethnien und Politik, oft haben die Menschen drastische, starre Meinungen. Der ständigen rassistischen Ethnisierung jedes Menschen in der Konfliktzone zwischen Israel und Palästina schließt sich auch der aus Berlin stammende Sam an:

> Er monologisierte. Ich sei so dunkel, bestimmt keine Aschkenasi. Die Kaukasier, die seien hier die Mafia, die würden sich gegenseitig abschlachten. Hier würden nur die Russinnen was mit Arabern anfangen. Sam würde keinen Araber in seine Wohnung lassen, denn dort lägen Waffen rum, richtig viele. [...] „Immerhin bist du keine Araberin. Ich habe arabische Freunde, einen arabischen Freund, nein, du hast recht, ich habe nur eine arabische CD, aber die mag ich. Die mag ich richtig gerne. Denkst du, ich hasse Araber?" [...] Sam sagte, die Russen seien keine richtigen Juden. (RB 178f.)

Wie in den bereits untersuchten migratorischen Romanen der zweiten Stimme sind Identitätskonzepte und Stereotypisierungen auch in *Der Russe ist einer, der Birken liebt* zentrale thematische Aspekte. Schon die Zuschreibung durch den Titel deutet an, was im Text geschieht. Permanent werden Identitätszuschreibungen konstruiert und dekonstruiert. Sie beziehen sich auf Ethnie, Religion, Nation, Klasse, Geschlecht oder politische Haltung. Der Literaturwissenschaftler Jörg Plath beschreibt Grjasnowas Roman in seiner Rezension daher als ein „[h]ochtouriges Identitätenkarussell".[208] Die Figuren erfüllen bestimmte stereotype Muster, wie das der Diaspora-Erfahrung der russisch-jüdischen, entwurzelten Figur der Mascha. Chris Wilpert kommt in seiner Untersuchung „Traumatische Symbiose" zu dem Ergebnis, „dass es sich bei den Personen im Roman weniger um authentische Figuren, als vielmehr um Typen handelt. Denn die Personen sind so übermäßig je als Vertreter eines Typus gekennzeichnet [...], dass sie dabei teilweise absichtlich ins Groteske zielen."[209] Besonders klischeehaft und satirisch überzeichnet werden Deutsche dargestellt, die oft nur Randfiguren darstellen, wie etwa die Biodeutsche mit dem Jute-Beutel, die aufmerksam das Kleingedruckte auf den Verpackungen liest und einen Wutanfall bekommt, wenn es keinen Bio-Salat gibt: „Das kann nicht sein, der Bio-Salat kann nicht ausverkauft sein. Einfach so. Sie verstecken ihn. Der andere ist nix gut, verstehen Sie mich? Nix gut! Das kommt alles aus Amerika!" (RB 79). Jeder dieser Sätze ist mit Klischees aufgeladen. Der „[m]an wird ja wohl noch sagen dürfen, was man denkt"-Rassist (vgl. RB 155), der „Pseudo-Multikulti Professor"[210], Elias' gelangweilte,

---

[208] 2012.
[209] 2015, S. 64.
[210] „Sein Multikulturalismus fand in Kongresshallen, Konferenzgebäuden und teuren Hotels statt. Integration war für ihn die Forderung nach weniger Kopftüchern und mehr Haut, die Suche nach einem exklusiven Wein oder einem ungewöhnlichen Reiseziel." (RB 33)

durchschnittliche, „homophobe Ossi-Eltern"[211] und der „Anti-Deutsche" Daniel komplettieren das Bild von den Deutschen. Letzterer wird durch seine undifferenzierten und schematischen Aussagen immer mehr zur Karikatur:

„Du, ich steh voll hinter euch", sagte Daniel.

„Hinter wem?"

„Na euch eben."

[…]

„Welches euch?" Ich schrie beinahe, ein paar Leute aus der Schlange drehten sich um.

„Hinter Israel, natürlich. […] Was hälst du von der Situation? Ich meine, du als Jüdin?"

„Ich lebe in Deutschland. Ich habe einen deutschen Pass. Ich bin nicht Israel. Ich lebe nicht dort. Ich wähle nicht dort, und ich habe auch keinen besonderen Draht zur israelischen Regierung." (RB 63)

Daniel überhört Maschas Einwände, sodass man den Eindruck gewinnt, sein Bild von der jüdischen Immigrantin sei fest konstruiert:

[N]un seid ihr da, die materialisierte Konsequenz der antisemitischen Vernichtungswut, ihre Exekutive, sozusagen. Die Juden müssen sich nach Auschwitz gegen die verteidigen können, die sie ermorden wollen. (RB 65)

Menschen wie Daniel betrachten Mascha als ihren „persönlichen Teddyjuden", dessen einziger Makel ist, dass er „nicht geradewegs aus einem deutschen Konzentrationslager kam." (RB 64)

Auch an sich selbst stellt Mascha klischeehafte deutsche Merkmale fest: „Ich hatte sie dafür gehasst, gründlich und deutsch" (RB 82). In Israel repräsentiert sie die Deutschen, denn oft, wenn die Leute erfahren, dass Mascha in Deutschland lebt, erzählen sie ihr von den Holocaust-Erfahrungen, die ihre Familienmitglieder gemacht haben. Maschas (in diesem Fall deutsche) Herkunft ist Auslöser für bestimmte Themen. So erduldet sie von den Israelis ironische Bemerkungen wie: „Meine Großmutter hat auch noch Erinnerungen an das friedliebende Deutschland" (RB 235) oder „Wissen Sie denn, wie lange mein Großvater auf seine Wiedergutmachung aus Deutschland warten musste?" (RB 241). In Palästina erlebt sie ähnliche Situationen, etwa als Mascha Ismael fragt, ob seine Narbe von einem israelischen Geschoss stammt und er antwortet: „Ich habe nicht nach dem Hersteller gefragt. […] Vielleicht ein deutsches, wer weiß. Hier heißt es Entwicklungshilfe." (RB 271)

---

[211] „Ein Urteil stand mir nicht zu, doch Horst ist alles andere als ein guter Vater gewesen. Er versoff die Wirtschaft seiner Frau und trainierte ab und an die dörfliche Fußballmannschaft. Elischa, der sich niemals im Sport hervorgetan hatte, wurde nach jedem Spiel verprügelt, der Sohn eines Sportfunktionärs sollte weder zu einem Waschlappen noch zu einem Homosexuellen heranwachsen. Elias hatte lange gebraucht, um zu verstehen, dass Liebe nicht ausschließlich durch Schläge ausgedrückt werden kann." (RB 145f.)

In Deutschland dagegen werden Mascha und ihre Freund/innen mit Diskriminierung und Rassismus im Kontakt mit „typisch deutschen" Figuren konfrontiert. Solche Situationen finden oft am Rande des eigentlichen Geschehens statt, sie werden wie nebenbei eingeflochten. Als der Arzt im Krankenhaus Maschas Namen liest, so fragt er sie etwa langsam und überdeutlich, ob sie Deutsch spreche und ob er sie, da ihr Nachname so kompliziert sei, Maria nennen könne. Auch von Elias' Zimmergenossen muss Mascha sich einen bekannten Spruch anhören: „Der linke Bettnachbar räusperte sich und sagte, er müsse mir ein Kompliment machen, ich könne besser Deutsch als alle Russlanddeutschen, die er bisher auf dem Amt getroffen habe" (RB 18). Von einem Kind türkischer Abstammung dagegen muss sie sich anhören, sie wäre „White trash" (RB 125). Auch Sami erlebt diese Situationen, oft macht er sich jedoch einen Witz daraus:

> Die Verkäuferin fragt Sami, wo er herkäme. Aus Frankfurt, sagt Sami. Nein, wo er denn wirklich herkäme. [...] Die Verkäuferin lechzte nach Exotik. „Ich komme aus Madagaskar" sagte Sami. „Dort leben alle in Baumhäusern und ernähren sich ausschließlich von Bananen." „Das ist das erste Mal, dass er ein Eis probiert", sagte ich. Sami grinste mich an, wenigstens zwischen uns war alles wieder in Ordnung. (RB 142)

Cem dagegen lässt sich von solchen Situationen reizen. Als Mascha und er mit dem Auto auf einen anderen Wagen auffahren, kommt es zu einer Konfliktsituation:

> „Kannst du überhaupt Auto fahren? Hast du einen Führerschein?" fragte er [der Besitzer des anderen Wagens] Cem.
> [...]
> „Wieso duzen Sie mich?", fragte Cem und zog seinen Schal enger.
> „Soll ich auch noch Sie zu dir sagen?"
> „Ja", sagte Cem. Seine Stimme war ruhig, aber ich wusste, dass eine Geduld nicht mehr für lange reichen würde.
> [...] „[...]Wie verhälst du dich überhaupt auf deutschen Straßen? Du bist hier nur Gast."
> [...] „Ich bin hier geboren"
> „Gar nichts bist du. Ein Kanake, das bist du." [...]
> „Ich rufe die Polizei", sagte ich und wählte die 112.
> „Machen Sie ruhig, machen Sie nur." Er feuerte mich an. „Ihr Freundchen hier hat wahrscheinlich gar keine Aufenthaltsgenehmigung. Ist ein Illegaler. Profitiert nur von unserem System. Wie die alle." (RB 155)

Schon als Kind merkte Cem, dass es unterschiedliche Einstufungen von Ausländern gibt, je nach deren Herkunft. Er erinnert sich an einen Jungen aus seiner Klasse, der

> konnte kaum Deutsch, aber alle hielten ihn für wahnsinnig intellektuell, weil er Franzose war [...]. Und da habe ich mich in meiner Klasse umgeschaut:

lauter Kanaken. Marcel sprach italienisch, Georgi griechisch, Taifun türkisch, Farid persisch und armenisch […]. Und wir alle sprachen auch Deutsch, akzentfrei. Aber keiner von uns wurde als intelligent genug erachtet, um auf das Gymnasium wechseln zu können, wir sollten lieber alle auf die Hauptschule oder im besten Fall auf die Realschule. (RB 221)

Obwohl er in Deutschland geboren wurde, konnte Cem nicht mitfahren zur Abi-Fahrt nach London, da er kein Visum bekam. Auch Sami kennt das Visa-Problem. Wenn sein Studentenvisum in den USA abläuft, wird es nicht wie üblich innerhalb von zwei Wochen verlängert, sondern Sami muss ein ganzes Jahr darauf warten: „[W]enn im Pass ein arabischer Name stand und als Geburtsort Beirut vermerkt war, konnte selbst die deutsche Staatsbürgerschaft wenig ausrichten." (RB 110)

Wie schon bei Vertlib zu beobachten war, zeigt sich auch in *Der Russe ist einer, der Birken liebt* wie Migrantenkinder in deutschen Schulen täglich mit Fremdenfeindlichkeit konfrontiert werden, während die Eltern, die große Hoffnungen in die Migration gesetzt hatten, nach und nach desillusionierter werden. Maschas Mutter wurde an einem sowjetischen Konservatorium ausgebildet, sie hatte „professionelle Standards" (RB 26). In Deutschland erteilt sie Kindern Musikunterricht nach ihren sowjetischen Standards und die Eltern beschweren sich, die Kinder hätten in ihrem Unterricht keinen Spaß, da „bekam meine Mutter Herzrasen und schwitzige Hände. Sie hatte bis dahin nicht gewusst, dass Spaß der Zweck der Kunst war." (RB 26) Maschas Vater entwickelt sich in der neuen Umgebung zu einer Figur der Niedergeschlagenheit, denn Deutschland hatte für ihn „keine Verwendung." (RB 53) Seine sozialen Kontakte beschränken sich auf das Notwendigste, sein Deutsch ist auch nach 20 Jahren rudimentär. Anders als bei Kaminer und den anderen bisher untersuchten Romanen handelt es sich bei der Emigration dieser Familie aber tatsächlich um eine Flucht: „Offiziell gehörten wir zum Kontingent jüdischer Flüchtlinge […] [a]ber unsere Auswanderung hatte nichts mit dem Judentum, sondern mit Bergkarabach zu tun." (RB 44) Ausgerechnet nach Deutschland zu gehen war für die Familie, deren Großmutter eine Überlebende der Schoah war, zunächst ein absurder Gedanke, später aber bittere Notwendigkeit. Die Hoffnung auf ein besseres Leben, vor allem für ihre Tochter, bestand zwar anfangs, stellte sich doch bald als Illusion heraus. Mascha reagiert denkbar schlecht auf die neuen Lebensumstände: „1996 waren wir in Deutschland. 1997 dachte ich zum ersten Mal über Selbstmord nach." (RB 51) Seit jeher leidet Mascha an psychischen Problemen, hat Traumata und Panikattacken, die sich mit Elias' Tod noch verschlimmern.

Während die Eltern in melancholischen Erinnerungen an die Heimat schwelgen können,[212] ist Mascha eine Heimatlose, die Sehnsucht nach einem Zuhause verspürt:

---

[212] „[M]eine Eltern saßen auf dem Sofa und erinnerten sich an das Glitzern der Meeresoberfläche in der Bucht von Baku, an die Ausflugsdampfer und die Rostropowitsch-Gastspiele. Es waren fast nur schöne Erinnerungen, die sie aufgehoben hatten. Sie vergaßen absichtlich die

Wonach ich mich sehnte, war ein vertrauter Ort. Eigentlich hielt ich nichts von vertrauten Orten – der Begriff Heimat implizierte für mich stets ein Pogrom. Wonach ich mich sehnte, waren vertraute Menschen, nur war der eine tot, und die anderen ertrug ich nicht mehr. Weil sie lebten. (RB 203)

Heimat ist hier kein spezifischer Ort, sondern gebunden an einen bestimmten Menschen. Durch Elias' Tod ist allerdings das, was sie am ehesten als Heimat empfindet, nicht mehr da. Als ihre Freundin Tal sie fragt, wie sie gern ihr Leben führen wolle, antwortet Mascha: „Was ich will, ist fließendes Wasser, Strom und ein friedlicher Platz, an dem niemand getötet wird" (RB 235). Tal bemerkt daraufhin: „Da warst du doch gut in Deutschland aufgehoben. Kein Grund, hierher [nach Israel] zu kommen." (RB 235) Doch Mascha denkt an Elias, dessen Abwesenheit Deutschland scheinbar zu einem Land macht, in dem sie nicht mehr leben kann, vor dem sie flieht. In Israel fühlt sie sich plötzlich an ihre alte Heimat erinnert, die sie seit der Emigration nicht besucht hat:

> Als ich im Taxi durch Tel Aviv fuhr und im Radio laute orientalische Musik kam […] fühlte ich mich zu Hause. Es war ein längst vergessenes Zuhause, ein Mosaik aus der Landschaft, der Temperatur, der Musik, den Gerüchen und dem Meer. Ich bat den Fahrer, entlang des Strandes und durch das ärmere südlichere Tel Aviv zu fahren, bis ich merkte, dass ich zu Hause mit Orten assoziierte, die mich an Baku erinnerten. (RB 253)

Am Ende des Romans erkennt sie jedoch, dass alle drei Komponenten, die ihr ein Heimatgefühl vermitteln, nämlich eine sie schützende Mutter, ein sie liebender Elias und ein sowjetisches Aserbaidschan, weggebrochen sind (vgl. RB 280). Nur die Sprachen bleiben ihr noch, die in ihrem Leben stets eine stabile Komponente bildeten. Schon als Kind erkannte sie, „dass Sprachen Macht bedeuteten." (RB 37) Sei es auf dem Ausländeramt oder in der Schule, immer musste sie für ihre Eltern übersetzen – „Wer kein Deutsch sprach, hatte keine Stimme, und wer bruchstückhaft sprach, wurde überhört." (RB 37f.) So fand sie schon früh ihre Berufung als Dolmetscherin und versuchte ihre innere Leere „mit Vokabeln zu füllen." (RB 126) Die Mehrsprachigkeit der Protagonistin kann als weiteres Merkmal für die Interkulturaliät von Grjasnowas Roman gesehen werden. Gleichzeitig ist Sprache auch ein weiterer Punkt, an dem Mascha immer wieder auf Unverständnis stößt, vor allem in Israel, wo sie als Jüdin kein Hebräisch, wohl aber Arabisch spricht.

Weitere transnationale Schreibstrategien lassen sich in Bezug auf die Handlungsorte des Romans finden. Er setzt in einer Metropole ein, im multikulturellen Viertel Gallus von Frankfurt am Main, wo die ersten beiden Teile des Romans hauptsächlich spielen. Gallus ist jedoch kein gentrifiziertes Szene-Viertel wie Kaminers Prenzlauer Berg, sondern ein randgesellschaftlicher Ort, an dem vor allem

---

Korruption, die Nationale Front und die kilometerlangen Schlangen vor leeren Lebensmittelgeschäften und westlichen Botschaften." (RB 54)

orientalische Migrant/innen, Junkies und Prostituierte leben. Dass gerade dieser Stadtteil ausgewählt wird, versteht Kampel als weiteren Ausdruck von Grjasnowas Erzählung als

> „nationale Gegengeschichte" anhaltender Frauenunterdrückung und Migration, in der sowohl die begrifflichen als auch wirklichen Grenzen nationaler Selbstinszenierungsprozesse in gebotener Deutlichkeit aufgezeigt werden.[213]

Denn Prostituierte und muslimische Frauen teilen ein ähnliches Schicksal in ihrer von Männern bestimmten Welt: „mittags bildeten sich lange Schlangen, in denen müde Frauen in engen Minikleidern oder in weiten Hidschabs standen, neben Zuhältern und anderen männlichen Aufpassern." (RB 68) Die heterogene Kulturerfahrung begleitet die Protagonistin auch nach Tel Aviv und Jerusalem. Schon am Flughafen „vermischen sich die Sprachmelodien zu einem Klangteppich: Russisch, Hebräisch, Englisch, Italienisch und Arabisch." (RB 161) Als Mascha wegen des bevorstehenden Sabbats an einer überfüllten Bushaltestelle wartet, beobachtet sie die mit ihr wartenden Leute: eine junge Soldatin mit hübscher Handtasche und Maschinengewehr, einen Mann mit kurzen Shorts und Kippa, zwei laut schwatzende Thais und ein uniformiertes, turtelndes Pärchen, das sich auf Russisch unterhält (vgl. RB 186f.).

Man kann bei Grjasnowas Roman nicht von Metropolenliteratur wie bei Veremej oder Kaminer reden. Die Großstädte haben hier eher die Funktion, ethnische und religiöse Homogenitätsvorstellungen zu durchbrechen. Im Gegensatz dazu steht die ländlichere Umgebung, wie etwa die kleine Stadt Friedberg, in der Maschas Eltern leben oder das Dorf bei Apolda, in dem Elias aufgewachsen ist. Hier passiert wenig, die Menschen werden als dümmlich dargestellt und der Ort etabliert sich als Gegen-Ort zur pluralen Metropole:

> Das Dorf war gepflegt und sauber. Hier gab es nicht viel: eine Eisdiele, eine Sparkasse und rundliche ungeschminkte Gesichter. In den Vorgärten taten Pudel ihren Dienst, und die NPD-Plakate hingen niedrig. (RB 113f.)

---

[213] 2017, S. 231.

3.2 Sasha Marianna Salzmann: *Außer sich*

Sasha Marianna Salzmanns 2017 erschienener Debütroman *Außer sich* erzählt die Geschichte der in Russland geborenen Ali (Alissa). Wie Grjasnowas Protagonistin kam auch Ali als Kind mit ihrer Familie als jüdische Kontingentflüchtlinge in den 1990ern nach Deutschland. Die jüdischen Wurzeln waren für Alis Eltern, ähnlich wie für Kaminers Protagonisten, in erster Linie Mittel zum Zweck – „Man tat alles, um das geliebte Sowjetland zu verlassen, man war sogar bereit, Jude zu werden."[214] Der Roman besteht aus zwei Haupterzählsträngen. Einer widmet sich episodenhaft und in analeptischer Form Alis Familiengeschichte, insbesondere der ihrer Urgroßeltern Etja und Schura, ihrer Großeltern Daniil und Emma und ihrer Eltern Kostja und Valja. Teil dieser Familiengeschichte ist auch die Migration der Eltern mit Ali, ihrem Zwillingsbruder Anton und dem Großvater Daniil nach Deutschland sowie dem anschließenden Leben im Asylheim. Der zweite Erzählstrang berichtet von der jüngsten Vergangenheit: Ali ist nun eine junge Erwachsene, die nach Istanbul reist um dort ihren verschollenen Bruder zu suchen. Beide Erzählstränge werden eng miteinander verwoben. Die Kapitel sind häufig einer bestimmten Figur zugeordnet, deren Name sich schon der Kapitelüberschrift entnehmen lässt. Ein Kapitel, das die Geschichte von Alis Großeltern erzählt, kann plötzlich durch einen Zeitsprung in die Gegenwart unterbrochen werden. Die Kapitelreihenfolge ist nicht chronologisch geordnet. Der Roman endet etwa im Chaos des Militärputsches in Istanbul im Juli 2016, in Kapiteln davor finden sich jedoch bereits Erzählungen darüber, was geschieht, als Ali zurück in Deutschland ist (vgl. AS 142, 183ff., 209). Das Kapitel „Danja und Emma" (AS 183-210) scheint chronologisch eines der letzten zu sein, obwohl es mittig im Roman erzählt wird. Hier wird klar, dass Ali nach Deutschland zurückgekommen ist und nun als Mann weiterlebt. Auch in einem anderen Kapitel wird plötzlich für einen kurzen Abschnitt aus der Gegenwart erzählt – eine Gegenwart, in der Ali als Mann in Deutschland lebt, nachdem sie in der Türkei angefangen hat, sich Testosteron zu spritzen:

> Die einzige Angst, an die ich mich deutlich erinnere und die bis heute nicht nachgelassen hat, war, dass ich jetzt, wo ich ein Sohn war, werden würde wie mein Vater. […] Und natürlich wünsche ich mir, er könnte mich jetzt sehen, so wie ich um die Unmöglichkeit weiß, dass er jemals verstehen könnte, wer ich bin, was den meisten Vätern wohl eigen ist. (AS 236)

Die inhaltlichen Schwerpunkte sind einerseits Themen von Pop- und Coming of Age-Literatur wie Drogenkonsum, (Homo)Sexualität und Homophobie, Transgender und Geschlechtsumwandlungen, Reisen, unkonventionelle Lebensstile, finanzielle Nöte, Identitätssuche und Identitätsstörungen sowie Konflikte mit den Eltern. Andererseits sind es Motive migratorischer Literatur wie Kriegserinnerungen, Heimat- und Identitätskonstruktionen, Sprache, Antisemitismus und

---

[214] Salzmann 2017, S. 108. Im Folgenden zitiert als: (AS)

Rassismus. Vor allem in den Rückblenden, die etwa von Schuras und Etinas Leben zur Zeit des Zweiten Weltkriegs und in der Sowjetunion erzählen, spielt Antisemitismus eine Rolle. Beispielsweise wird ausführlich die Ärzteverschwörung von 1953 beschrieben, in der jüdische Ärzte wie Etina und Schura in der ganzen Sowjetunion gekündigt werden und hiernach am Existenzminimum leben. Valja und Kostja werden von ihren jüdischen Eltern – in der Hoffnung, sie vor Antisemitismus zu schützen – „russifiziert" (vgl. AS 58). So sind ihre Vornamen beispielsweise „hässlich[e], ehrlich sozialistisch[e] Namen" (AS 58). Ihre Mutter achtet außerdem darauf, „dass ihre Tochter eine ordentliche sozialistische Frisur trug" (AS 59). Dennoch ist Valja aufgewachsen mit antisemitischen „Kinderreimen auf das Wort Jid" (AS 62) und auch ihr erster Mann Iwan beschimpft sie als „Judensau, verreck doch in deinem Israel" (AS 62). Sie lässt sich von ihm scheiden und heiratet Kostja, denn „er ist Jude. Er würde sie niemals schlagen und dazu Judensau schreien" (AS 65). Sie ändern ihre Nachnamen zu Tschpanow, denn „Kostja hatte keine Lust mehr, Berman zu heißen, er sagte, darum habe er ständig Ärger auf der Arbeit" (AS 264). Als Valja, Kostja und die Kinder nach ihrer Emigration auf Besuch in Russland sind, wird auch Anton als „Judensau und Schwuchtel" (AS 283) beschimpft.

In den Erzählungen über Ali in Deutschland ist Rassismus weniger ein Thema, wenngleich das bereits bekannte Ausländer-Mobbing in der Schule auch sie und ihren Bruder trifft (vgl. 104ff.). Während ihrer Zeit in Istanbul begegnet sie vermehrt homophoben Figuren. Cemal etwa warnt Ali bei ihrer Ankunft vor den Gefahren in Istanbul: „[D]ie ganzen Roma und die Kurden und die Transvestiten, und die ganze Welt ist böse, weißt du doch" (AS 19). Der Verkäufer Hassan Bey in Istanbul spuckt vor Transmann Katho auf den Boden um zu zeigen, was er von ihm hält (vgl. AS 136). Auch Alis Vater hält nichts von „Typ[en] in Frauenkleidern" (AS 238), „ukrainische[n] Tunten" (AS 239) und „Schwuchtelmusik" (AS 239). Katho ist es auch, der Ali in Istanbul Testosteron besorgt. Ihre Umwandlung von Ali zu Anton fällt mitten in die Unruhen des Militärputsches. Schon als Kinder haben die Zwillinge Ali und Anton ihre geschlechtsspezifischen Rollen nicht erfüllt. Die Mutter gibt einen ganzen Monatslohn für ein goldenes Westkleid mit Puffärmeln aus, das sie auf dem Schwarzmarkt kauft, doch

> Ali wollte lieber sterben als es anziehen, sie heulte, schrie, biss sogar, es war aber nicht zu verhindern, dass Fotos gemacht werden sollten, wofür sonst der ganze Aufwand, und es war erst Ruhe, als Anton in das Kleid kletterte, ganz ohne Aufforderung, sogar die Hände hob und mit den Hüften wackelte, als würde er darin tanzen. Das Foto hatte Ali noch vor Augen: ihr verheultes Gesicht, sie in Leggins und Unterhemd und Anton im goldenen Kleid. (AS 36)

Ali überblendet Mann und Frau, sie ist beides und redet von sich gleichzeitig in dritter und erster Peron: „Ich [Ali] sah Ali, der jetzt, plötzlich, als er seiner Mutter gegenübersaß, auch Alissa hätte sein können. Das machte die gewohnte

Umgebung, er schwankte zwischen den Zeiten, zwischen den Körpern, er war leer." (AS 272f.) Erst nach dem Militärputsch wird Ali von anderen eindeutig als Anton angesprochen (vgl. AS 365). Der Putschversuch und die Angst um sein Leben, die er dabei empfindet, lässt ihn wieder einen neuen Sinn in seinem Leben sehen, denn er beschließt:

> Wenn ich das hier überlebe, dann gehe ich zu Mama, ich will mit ihr reden. Sie weiß nichts von mir. Und ich nichts von ihr. Und zu Emma und Danja und Schura und Etja, zu allen, die noch leben, ich will sie so viel fragen. Ich kenne sie nicht einmal. (AS 358)

Aus diesem Wunsch entsteht das Buch im Buch, geschrieben von Anton über die Geschichte seiner Familie. Durch die Transformation von Ali zu Anton am Ende des Romans gerät der Zwillingsbruder in den Verdacht, nie real gewesen zu sein. Es ist typisch für Ali, Wissenslücken mit Imagination zu füllen, so könnte auch Anton reine Imagination gewesen sein:

> Ich erdenke mir neue Personen, wie ich mir alte zusammensetze. Stelle mir das Leben meines Bruders vor, stelle mir vor, er würde all das tun, wozu ich nicht in der Lage gewesen bin, sehe ihn als einen, der hinauszieht in die Welt, weil er den Mut besitzt, der mir immer gefehlt hat, und ich vermisse ihn. (AS 275)

Auch verblasste Erinnerungen lassen sich durch bloße Vorstellungskraft füllen. Der Roman betont, dass das Vergessen nicht nur Teil des Lebens, sondern insbesondere Teil eines migratorischen Lebens sei: „[…] ich habe keine Erinnerungen, habe eine Nabelschnur, die ins Nichts führt" (AS 86). Die Ich-Erzählerin lässt die Leser/innen wissen, dass ihre Erzählungen oft ausgedacht sind: „Es könnte also sein, dass meine Urgroßeltern am Zusammenhalten der Welt an vorderster Front beteiligt waren […]. Kann sein. Eine andere Version der Geschichte ist […]." (AS 164) Auch die Lücke, die der Vater mit seinem plötzlichen Tod gelassen hat, versucht Ali mit Fiktion zu füllen:

> Und genauso ist mir bewusst, dass auch ich niemals wissen kann, wer er gewesen ist und vor wem genau ich so eine Angst hatte. Ich muss ihn mir denken, nach Worten und Bildern suchen, um mir seine letzten Wochen vorzustellen. Mir zusammendenken, wer er gewesen ist, bevor er bei Vika vom Balkon stürzte. (AS 236)

Die Unzuverlässigkeit des Erzählers zeigt sich auch im häufigen Wechsel der Erzählperspektive. Das erste Kapitel wird aus der Ich-Erzähler-Perspektive einer kindlichen Ali erzählt. Die anschließenden Kapitel sind Erzählungen in dritter Person mit interner Fokalisierung durch Ali (vgl. AS 13-183). Mehrmals werden diese Kapitel durch Sequenzen in Ich-Erzählsituation unterbrochen, etwa beim inneren Monolog (vgl. AS 94f.) oder als Ali als Fötus im Bauch ihrer Mutter ist und erzählt, was sie wahrnimmt, das „andere Lebewesen neben mir, in demselben

Nichts, das mich streift, leicht wie ein Luftballon, höre Fetzen von dem, was Valja sagt [...]." (AS 86) Es folgen weitere Wechsel von Ich-Erzählsituation und personaler Erzählsituation.[215] Das Kapitel „Kostja" wird in dritter Person mit scheinbarer Fokalisierung durch Alis Vater erzählt (vgl. AS 237ff.). Da Ali zuvor beschreibt, dass sie sich die Geschichte ihres Vaters ausdenken muss, kann dieses Kapitel auch eine Imagination der Figur Ali sein, statt eine Erzählung aus Kostjas tatsächlicher Perspektive. Das erste Kapitel des ersten Teils wiederholt sich im zweiten Teil des Romans, die Szene des Aufbruchs aus Russland und auch die darauffolgenden zwei Kapitel werden aus der Perspektive Antons als Ich-Erzähler beschrieben (vgl. AS 279ff.). Die Erklärung für die häufigen Perspektivenwechsel liefert die Protagonistin selbst:

> Ich war es damals noch gewohnt, von mir außerhalb meiner selbst, von mir in der dritten Person zu denken, als einer Geschichte, die irgendwem gehört, also erzählte ich ihnen [den Großeltern] eine Geschichte und hoffte, dass sie mich aus meiner Entrückung wieder an sich heranziehen, mich drücken oder mich wenigstens ansehen würden, das wäre schon viel. Ich wusste, ich konnte nicht verlangen, dass sie diese Geschichte verstanden, aber sie hörten mir zu, als ich ihnen von Ali erzählte und wie sie zu Anton wurde. (AS 210)

Die Stelle zeigt, dass es der Identitätskonflikt der Figur ist, der auch auf die Erzählsituation einwirkt. Ali erkennt im Laufe der Erzählung, dass auch Erinnerungen ein Teil ihrer Identität sind.

> Ich weiß nicht mehr, wie dieser Sichtwechsel kam und wann. Warum ich beschlossen habe, diese Folien und Bilder [Erinnerungen] in meinem Kopf zu ordnen, warum ich angefangen habe, mich als mich zu denken, zu sprechen, sogar zu schreiben, aber ich kann mich an den Zeitpunkt erinnern. Das war als mein Urgroßvater, zwei Jahre bevor er starb, eine dünne Mappe aus einem Sekretär zog und vor mir auf den Tisch legte. Oder nein, falsch, es war, als ich anfing, darin zu lesen, da war Schura schon tot und ich zurück aus Istanbul. (AS 142)

Die Auseinandersetzung mit und das Schreiben über Familiengeschichte und eigene Geschichte sind identitätsstiftend. Doch erst die Reise nach Istanbul hat sie zu dieser Erkenntnis gebracht, und so steht diese Reise auch im Zeichen einer für migratorische Familiengeschichten paradigmatischen Bewegung durch den Raum – „an welche Orte sie [die Geschichten] auch führten – Odessa, Czernowitz,

---

[215] Das Kapitel, das zwar in der Mitte des Romans angeordnet ist, chronologisch aber wie bereits vermutet das letzte ist, wird aus der Ich-Erzählsituation geschildert (vgl. AS 183-210). Darauf folgt weiterhin die personale Erzählsituation, unterbrochen von einem kurzen Ich-Erzähler-Einschub (vgl. AS 235f.). Das Kapitel „Valja" wird von Ali als Ich-Erzählerin beschrieben (vgl. AS 257-275). Das letzte Kapitel wird zunächst in dritter Person (vgl. AS 341-361), dann in erster Person erzählt (vgl. AS 361-365).

Grosny, Wolgograd, Moskau, Deutschland, Deutschland, Deutschland und dann Istanbul am Hafen, wo Katho mir von Odessa erzählte" (AS 144).

Der Grund für die Emigration der Familie Tschpanow ist, dass Valja „ihre Tochter abgesichert sehen" (AS 65) will. Sie glaubt, dass Ali und Anton nicht „beweglich genug waren, um die Sowjetunion zu besiegen, […] also beschloss sie, es nicht dem Zufall zu überlassen, ob ihre Kinder eine Zukunft haben würden oder nicht" (AS 101). Anders als Etja und Schura, die im Zweiten Weltkrieg ihr geliebtes Odessa verlassen mussten und sich vor der Kriegsfront fliehend durch die Ukraine bewegten, emigrierten die Tschpanows freiwillig nach Deutschland – in der Hoffnung auf eine bessere Zukunft. Doch auch hier tritt, wie schon bei Vertlib und Grjasnowa, das Motiv der Desillusionierung der Elterngeneration ein. Ihre Vorstellungen und Wünsche gehen nicht in Erfüllung, Valja und Kostja lassen sich scheiden. Valjas Mittelpunkt in Deutschland ist ihre Arbeit. Kostja ist arbeitslos und Alkoholiker. Im Laufe der Erzählung stürzt er vom Balkon und stirbt. Die Beziehung zwischen Eltern und Kindern ist schlecht und von Vorurteilen und gegenseitigem Unverständnis geprägt. Alis Geschlechtsumwandlung wird von der Mutter weitestgehend ignoriert. Schon als sie als Kind wie Anton kurzes Haar tragen wollte, erlaubte die Mutter es nicht, denn Haare seien „[…] die Ehre einer Frau, was willst du mit deiner Ehre auf dem Müllhaufen?' ‚Und was ist, wenn ich keine Frau bin?' ‚Was bist du dann, ein Elefant?'" (AS 89). Als Ali als junge Erwachsene ihr Haar abschneidet, bleibt sie für ihre Mutter nur noch ein „Abziehbild einer Erinnerung mit langen Haaren" (AS 90) statt einer Persönlichkeit. Und erst als Ali einen Dreitagebart trägt, hört die Mutter auf nach Enkelkindern zu fragen (vgl. AS 262). Die Distanz zwischen den Generationen bleibt groß. Für die Eltern wurde der Traum von Deutschland zum Alptraum, so sehr, dass Kostja sogar zurück nach Russland geht – „vor allem wollte er nie, nie wieder die deutsche Sprache hören, die ihm nichts als Ärger eingebracht hatte." (AS 253) Auch Valja bereut die Entscheidung und kommt zu dem Schluss: „[…] Migration tötet, es klang wie eine Warnung auf einer Zigarettenschachtel: Migration fügt ihnen und den Menschen in ihrer Umgebung erheblichen Schaden zu." (AS 297)

Der Roman bewegt sich häufig an Orten des Transitorischen. Die 36-stündige Zugfahrt von Moskau nach Berlin wird eindringlich beschrieben, so auch die Ankunft am Bahnhof in Deutschland. Anstelle einer Begrüßung erbricht Ali sich auf die Füße ihres Onkels – das Hähnchen, das sie zuvor im Zug gegessen hatte, „kletterte aus dem Magen wieder zurück in ihren Mund […], auf die Schuhe des Mannes" (AS 55). Die Ankunftsszene ist geprägt von Überforderung und dem Moment des Fremden und Exotischen:

> Außerhalb ihres Kopfes verlief die Zeit schneller, es bewegten sich Dinge in Blitzgeschwindigkeit, Schuhe, die wie Schlangen um sich schnappten, Ottern und riesige Insekten, die sie ansprangen, sie schrie auf und hatte das Gefühl, geschrumpft und in ein Bild gesteckt worden zu sein, das bei McDonald's an der Wand hing. Alles war Dschungel, alles war Farben, alles machte ihr Angst

und sie wusste nicht, ob sie auf dem Boden lag oder in ein Loch gefallen war. (AS 55)

Auch die Ankunft am Flughafen in Istanbul verläuft ähnlich, wenngleich sie zwanzig Jahre später stattfindet. Ali bricht auf der Flughafentoilette zusammen und fühlt wieder „ein verdorbenes Vogelvieh in der Kehle" und Schnürsenkel, die „wie Insekten" auf sie zukriechen (AS 13), so sehr erinnert die Situation des Transits sie an die Ankunft in Deutschland. Auch Grenzkontrolle und Zoll verlaufen nicht reibungslos, wie schon bei der Einreise nach Deutschland, als die Mutter „sich ans Herz fass[te], in den Büstenhalter, dort wo die zweihundert Dollar auf den Beamten warteten" (AS 54). In der Türkei mutmaßen die Zollbeamten, sie könne eine Prostituierte sein:

„Wir haben ein Problem in diesem Land mit Importen aus Russland. Frauen, meine ich. Frauenimporten aus Russland." Ali öffnete den Mund und wollte etwas sagen wie „Aber ich komme doch aus Berlin!" oder „Sehe ich so aus?", stattdessen bekam sie einen Lachanfall [...]. „Gibt es eine Möglichkeit, wie ich beweisen kann, dass ich keine russische Nutte bin?" fragte sie. (AS 16)

Ähnlich wie Mascha in Grjasnowas Roman nimmt auch Ali den Flughafen als besonders multikulturellen Raum wahr: „Die ganze Welt stand hier Schlange. Miniröcke, Burkas, Schnurrbärte in allen Schnitten und Farben, Sonnenbrillen in allen Größen, aufgespritzte Lippen in allen Formen, [...]." (AS 14) Auch der urbane Raum Istanbul ist ein Ort des Transits. Schon seine Lage am Übergang von Europa nach Asien kann als Metapher für den Transit gelesen werden, den die Protagonistin des Romans hier körperlich erlebt. Nachdem sie sich einige Zeit wie im Transit zwischen Mann- und Frau-Sein befand, geschieht letztlich die Transformation von Ali zu Anton. Nach Deutschland geht sie bzw. er als anderer Mensch zurück.

Anders als in Grjasnowas Roman werden Klischees über Deutsche und Deutschland in *Außer sich* überwiegend positiv dargestellt. Motive des Wohlstands und der Möglichkeit ein glückliches, sicheres Leben zu führen stehen dabei im Mittelpunkt.[216] Wie Mascha werden Ali und Anton in Deutschland zwar (vor allem als Kinder) als Ausländer/innen wahrgenommen, im Ausland aber als Deutsche. Und so behandelt man sie im Ausland als „einer von denen." (AS 333) Negative stereotype Beschreibungen findet man in Salzmanns Roman eher von Russ/innen. Valjas erster Mann Iwan ist eine Figur, die klassische negative Klischees über Russen vereint. Er ist ein Trinker und ein Schläger, seine Lebensweisheit lautet: „Ein Mann trinkt, bevor er redet und danach. Dazwischen kann er eine Träne vergießen, das kann schon sein, aber nur, wenn er trinkt. Wenn er nicht trinkt und heult, ist er entweder eine Schwuchtel oder ein Jid" (AS 61). Alkoholkonsum wird als Teil der russischen Identität instrumentalisiert. Iwan benimmt

---

[216] Vgl. etwa AS 43, 240, 288, 337.

sich „wie ein echter russischer Mann [...]: Wenn er schlägt, dann liebt er." (AS 63) Kostja dagegen wirkt wie eine Karikatur:

> Er trank nicht, wie ein russisch-orthodoxer Mann zu trinken hatte, auch nicht wie ein Jid, sondern mehr wie ein kleiner Junge, dem man gesagt hatte, dass er sonst nicht mitspielen darf [...]. Er fand, es schmeckte nicht, er wusste aber auch, dass er keine andere Wahl hatte. (AS 79)

Sprache hat in Salzmanns Roman nicht den gleichen Stellenwert für die Figuren wie bei Grjasnowa. Der direkte Einfluss von Fremdsprachen, insbesondere des Russischen, ist jedoch größer, da sehr oft bestimmte Redewendungen und Ausdrücke auf Russisch wiedergegeben werden. „[П]ора, пора порадуемся на своём веку" (AS 12) ist eine Zeile aus dem Lied „Песня мушкетеров" („Lied der Musketiere"), bekannt vor allem durch Mikhail Boyarsky, der es 1978 als Darsteller der Figur des d'Artagnon in einer sowjetischen Adaption der Drei Musketiere von Alexandre Dumas gesungen hat. Der Erzähler übersetzt dem Leser: „Es ist an der Zeit, es ist an der Zeit, sich dieser Zeit zu erfreuen" (AS 12). Weiterhin zitiert werden das berühmte Liebeslied „Катюша" („Katjuscha") (vgl. AS 40) und Leschenkos „Родительский дом" („Elternhaus") (vgl. AS 87). Oft wird Vokabular, das im Russischen anders konnotiert ist als die deutsche Entsprechung, auf Russisch wiedergegeben, beispielsweise „эмиграция" (AS 80) als besondere, auf Russland bezogene Form der Emigration, „нищие, Habenichtse", „дело врачей, die Ärzteverschwörung" (AS 168), „железная" für eine „Iron Lady" (AS 171), etc.[217] Liebeskummer wird beschrieben als

> Seelenunruhe, душа болит, man sprach von Qualen, муки, aber dazu muss man wissen, dass Russen, oder all jene, die sich dieser Sprache bedienen, immer alles etwas drastischer sehen, weil sie es drastischer ausdrücken. Sie sagen nicht: Ich mag diese Äpfel, sie sagen: Ich liebe diese Äpfel. Sie sagen nicht: Ich bin verheiratet, sie sagen: Ich bin befraut oder ichstehehintermeinemmann. (AS 147)

Ali spricht Deutsch als Muttersprache, wechselt aber ins Russische, wenn sie beispielsweise besonders wütend ist (vgl. AS 117). Das Jiddische, in dem noch ihre Urgroßeltern sich unterhielten (vgl. AS 149f.), beherrscht Ali nicht. Sie liebt die russische Sprache, kann sich aber doch nicht ganz mit ihr identifizieren: „[I]ch misstraute der bildreichen Sprache, in der er erzählte, weil ich meiner Muttersprache grundsätzlich misstraute. Weil sie so viel besser ist als die Welt, aus der sie kommt, blumiger und bedeutsamer, als die Realität je sein könnte." (AS 167) Was Figuren wie Ali und ihre Mutter ausmacht, ist das Hybride, die Vermischung von Zeiten, Orten und vor allem Sprachen:

---

[217] Für weitere Beispiele vgl. AS 50, 62, 145, 150, 173f., 176, 180, 197, 199, 205f., 226f., 237f., 241, 244, 255, 274, 282ff., 305.

Sie sprach in mehreren Sprachen gleichzeitig, mischte sie je nach Farbe und Geschmack der Erinnerung zu Sätzen zusammen, die etwas anderes erzählten als ihren Inhalt, es klang, als wäre ihre Sprache ein amorphes Gemisch aus all dem, was sie war und was niemals nur in einer Version der Geschichte, in einer Sprache Platz gefunden hätte. (AS 258)

Die Absurdität als Stilmittel, die Grjasnowas *Der Russe ist einer der Birken liebt* ausmacht, findet sich auch in Salzmanns *Außer sich*. Es gibt eine Reihe kurioser Personifikationen, die mit dem Erlebnis der Einreise nach Deutschland und dem verdorbenen Hähnchen, das Ali im Zug aß, verwoben sind. Als ein Straßenverkäufer ihr in Istanbul gekochtes Hähnchen anbietet kommt ihr sofort die Galle hoch – „Das Hähnchen starrte sie an, Ali versuchte, dem Blick standzuhalten." (AS 51) Situationen des Skurrilen und Unbehaglichen werden auf diese Weise unterstrichen: „,Sind das noch die Kekse die ich letztes Mal mitgebracht habe', fragte Ali in den Raum hinein. Die Frage fiel aus ihr heraus und blieb auf dem Linoleumboden liegen." (AS 91)[218]

---

[218] Vgl. auch AS 39, 200, 212, 219, 242, 287, 319, 338, 352.

3.3 Dimitrij Kapitelman: Das Lächeln meines unsichtbaren Vaters

Dimitrij Kapitelmans Debütroman, erschienen 2016, erzählt die Geschichte der jüdisch-russischen Familie Kapitelman, die in den 1990ern als Kontingentflüchtlinge aus der Ukraine nach Deutschland gekommen ist. Der Sohn Dimitrij war zu dieser Zeit acht Jahre alt. Der Roman beginnt in der Gegenwart, in der der Sohn erwachsen ist. Immer wieder gibt es Rückblicke auf das Leben in Kiew oder die Jugend des Protagonisten, die er mit seiner Familie im Leipziger Problemstadtviertel Grünau verbrachte. Diese Rückblicke stellen jedoch nicht wie in *Der Russe ist einer der Birken liebt* und *Außer sich* einen eigenen Handlungsstrang dar, sondern sind lediglich als Flashbacks angelegt, die zum Verständnis der inneren Konflikte der Figuren beitragen. Hauptsächlich geht es um die Suche nach der jüdischen Identität von Vater und Sohn, die sie nach Israel führt – das Land, in das sie ursprünglich emigrieren wollten, obwohl Leonid Kapitelmann nicht gläubig und seine Frau keine Jüdin ist. Dennoch spielt die jüdische Identität und auch das „was wäre wenn wir damals nach Israel gegangen wären"-Motiv immer eine gewisse Rolle, weshalb Vater und Sohn sich auf eine Spurensuche in den Nahen Osten begeben.

Identität ist so auch in diesem Roman ein zentrales Thema. Das Werk erzählt von der permanenten Identitätsaushandlung des Ich-Erzählers, die nicht nur ihn selbst, sondern auch seinen „unsichtbaren" Vater betrifft. Der Protagonist Dimitrij besitzt ein schwieriges Verhältnis zu seinem jüdischen Erbe. Sein Vater ist Jude, seine Mutter aber nicht, weshalb er nach religiöser Auslegung „kein richtiger Jude, nur ein halber, eine Art Mängelexemplar"[219] ist. Er bezeichnet sich selbst als „Falschjude Dimitrij K." (vgl. LV 48, 136, 182) oder „Identitinjunkie" (LV 182), „unbedarfter, atheistischer Zone-I-Ukrainer" (LV 233), „überambitionierte[r] Kulturbrückenbauer" (LV 236), „Herkunfts- statt Heiratsschwindler" (LV 249), „kleines, wahrheitssuchendes Würstchen" (LV 255) und „atheistische[s] Erbinformationskonstrukt" (LV 257). Es mangelt ihm an einem Zugehörigkeitsgefühl zu einer bestimmten Gruppe. Er befürchtet, nicht einmal ein „halber Unsichtbarer" zu sein, „[s]ondern einfach jemand ohne Gestalt. Nicht wissend, wer ich bin, und nirgendwo zu Hause. Schlimmer noch: Nicht wissend, wer oder wo ich gern wäre." (LV 13)

Seinen Vater bezeichnet Dimitrij als „gleichgültige[n], verängstigte[n], Feindbilder wiederkäuende[n], unsichtbare[n] alte[n] Mann" (LV 48). Auch ihn kennzeichnet eine identitäre Zerrissenheit – ethnisch gesehen betrachtet er sich als Juden, wenngleich er das Judentum als Religion ablehnt. Geboren in der Ukrainischen Sozialistischen Sowjetrepublik fühlt er sich als „Mensch der Sowjetunion" (LV 70). Die Ukraine sieht er jedoch nicht als seine Heimat. Vielmehr hat er das Land gehasst, „weil es ihn wie schon seine Vorfahren schlecht behandelt hat." (LV 9) Doch auch in Deutschland ist er „immer der Fremde, immer der Ausländer" (LV 24) geblieben, spricht kaum Deutsch, integriert sich nicht und lebt in

---

[219] Kapitelman 2016, S. 12. Im Folgenden zitiert als: (LV)

seinem russischen „Magazin" wie in einer Blase aus russischen Produkten und russischsprachigen Kunden mitten in Leipzig. Das alles macht ihn für seinen Sohn zu einem Unsichtbaren, einem

> Enigma. [...] Vielleicht ist mein Vater einfach ein irreführender und widersprüchlicher Charakter, der auch unter anderen Umständen nirgends dazugehören würde. Oder er ist unsichtbar geworden, weil das Leben als Jude in der Ukraine und im Ostdeutschland der Neonazis ganz viel von ihm ausgelöscht hat. [...] Ist mein Vater so, wie er ist, weil er ein Jude ist? Oder hält ihn diese Selbstdefinition davon ab, der übersprudelnd warmherzige Allerweltsfreund zu sein, der er eigentlich gern wäre? (LV 11)

In Israel wird Leonid erstmals sichtbar für Dimitrij: „Nun dämmert mir, dass diese Haltung nur eine Miniatur seiner zerrissenen Art zu existieren ist. Die Welt theoretisch verneinend, praktisch in jeden ihrer Quadratzentimeter verliebt." (LV 153) Die Motivation der Eltern, nach Deutschland zu emigrieren, war der Wunsch nach einer besseren Zukunft für ihren Sohn, in den sie große Hoffnungen setzten: „Du musst doppelt so gut werden wie die anderen. Hörst du? Doppelte Leistung!" (LV 24). Ähnlich wie die Figuren in Salzmanns Roman erlebt auch die Familie Kapitelman eine baldige Ernüchterung:

> [...] so kühlte Papas Begeisterung über unser neues Leben bald spürbar ab. Nun erlebte ich ihn so reizbar wie nie zuvor. Die Ernstmiene, die sein warmes Gesicht so straff und unerkennbar steinig spannte und die ich so ungern an Papa sah, wurde zu seinem Grundausdruck. (LV 27)

Gründe dafür sind finanzielle Sorgen, fehlende Unabhängigkeit und das Zurücklassen einer Existenzform in der Ukraine, die in Deutschland so nicht funktionierte. Obwohl Dimitrij die Vorteile eines Lebens in Deutschland bewusst sind, wünscht er sich manchmal, dass die Familie die Ukraine nie verlassen hätte. Aufgrund der Migration hat er keine Kindheitsfreunde und fühlt sich nirgends zugehörig. Die Unfreiwilligkeit mit der Dimitrij als Kind die Heimat verließ, zeigt sich auch in der Wortwahl, wenn es etwa heißt, er sei als Kind „aus Kiew rausmigriert worden." (LV 79) Wie in den Romanen von Grjasnowa und Salzmann wird hier eine neue Perspektive auf Migration eröffnet, nämlich die der Kinder, die in Deutschland für ihre Eltern als Übersetzer/innen in vielen öffentlichen Angelegenheiten agieren oder „die schicksalrichtenden Briefe der Familie verfassen zu dürfen." (LV 60) Kapitelman nennt es ironisch „die Privilegien der Migrantenkinder" (vgl. LV 60).

Die Rückblenden erzählen oft von den schlechten Erfahrungen, die Dimitrij als Kind in Deutschland gemacht hat: „Im Heim hat man Freunde, in der Schule nicht [...]. Ich war der stinkende Russenjunge, in der Form hatte man mir das mehrmals auf dem Schulhof kommuniziert." (LV 26) Auch außerhalb der Schule berichtet der Ich-Erzähler von „Nazihorden auf Menschenjagd" (LV 28) im Leipziger Viertel Grünau. Diese sorgen für ein jähes Ende der Kindheit des

Protagonisten – „In Kiew hatte ich mit Kostja uns Rostik Fangen gespielt. In Grünau floh ich vor Neonazis mit Messern, Neonazis mit Hunden und Neonazis mit Baseballschlägern." (LV 28) Den Eltern fehlen vor allem sprachlich die Fähigkeiten, für ihren Sohn einzustehen. Doch vieles, was ihm in Deutschland wiederfährt, bekommen sie gar nicht mit und was in Dimitrij zurückbleibt, ist ein Trauma:

> Sie verstehen bis heute nicht, wie sehr ich an Grünau gelitten habe. Oder wollen nicht verstehen, wie viel fremde Verbitterung, Verzweiflung und Hass ich als Kind fressen und aushalten musste. Ich glaube auch nicht, dass sie es jemals verstehen werden. Ich habe selbst Jahre gebraucht, um das Grünauer Gift in mir aufzuspüren. Aber als ich es schließlich entdeckte, Gitarre spielend in Schöneberg, legte ich mich auf den Boden, kauerte mich zusammen und heulte los. (LV 121)

Dimitrij wird von seinen Eltern oftmals vorwurfsvoll als Deutscher bezeichnet. Sie grenzen sich von diesem deutschen Sohn ab und halten ihm vor: „Ja, Kiew, das ist eine echte Stadt. Nicht so wie dein stinkendes Leipzig, Dima!" (LV 84). Das führt zu einer Kluft zwischen beiden Parteien, die wenig Verständnis für die Situation des anderen aufbringen:

> Wenn die Ukraine so großartig war, wieso waren wir dann hier? Wieso hockten wir in diesem potthässlichen Leipziger Nazisumpf? Und warum *meine* Deutschen? *Mein* stinkendes Leipzig? Ich hatte nicht beschlossen, dass wir nach Germania ziehen. […] Ich war noch nicht mal gefragt worden, wo ich leben möchte! Warum wurde ich plötzlich aus unserer Familie ausgegrenzt und als *nemez* an den Pranger gestellt? Diese Fragen hätte ich an jenem Tag stellen sollen. Habe ich aber nicht. Sondern still die Migrantenpsychose meiner Eltern verinnerlicht. Und mir vorgenommen, wieder russischer zu werden. Das versuche ich im Prinzip noch heute. Besonders dann, wenn mir mal wieder die richtigen russischen Vokabeln fehlen, um meine Gefühle zu vermitteln, und ich fürchte, dass meine Familie mich nicht mehr versteht. (LV 84)

Richtig heimisch fühlen sich aber weder Dimitrij noch Leonid in Deutschland. Beide besitzen nicht einmal den deutschen Pass. Doch auch von der Ukraine sind sie zu sehr entfremdet. Daher fliegen sie nach Israel, wohin sie ursprünglich emigrieren wollten: „Wir schauen uns das Leben an, das wir um eine Ausreise verpasst haben. Wir waren eigentlich schon fast Neuisraelis, dann hat mein Vater uns nach Deutschland geschleppt." (LV 123) Am Flughafen werden sie von einem alten Freund begrüßt: „Wurde ja auch Zeit, dass ihr mal eure Heimat besucht." (LV 66) Die Reise stellt beide auf den Prüfstand. Der Vater fühlt sich in Israel sofort zu Hause. In Dimitrij tagt während der Reise ein inneres Gericht, das seine Identitätszugehörigkeit verhandelt: „Die Geschworenen des Inneren Gerichts erheben sich kurz und nicken sachlich in den Raum." (LV 73) Als Vater und Sohn das

Beit-Hatefutsoth-Museum zur Geschichte des jüdischen Exils und der Diaspora besuchen, unterhält sich Dimitrij mit dem Leiter des Zentrums für jüdische Stammbaumforschung über sein schwieriges Verhältnis zum Judentum. Die Aussage des Leiters, Dimitrij könne „sofort Bürger dieses Landes werden" (LV 136) verfolgt den Ich-Erzähler daraufhin[220] und er zieht in Erwägung, einige Zeit in Israel zu leben oder dorthin auszuwandern. Als eine Frau ihm sagt, dass er kein Jude sei, da seine Mutter keine Jüdin sei, tagt erneut sein inneres Gericht:

> *Falschjude Dimitrij K., Sie haben sich unverzüglich im Gerichtssaal einzufinden. Gegen Sie wird ein Revisionsprozess eröffnet. Bitte achten Sie darauf, mit angemessener Niedergeschlagenheit vor Gericht zu erscheinen.* (LV 251)

Es folgt eine ausführliche, seitenlange Auseinandersetzung mit sich selbst, eine „*Fahndung nach dem Juden in mir*" (LV 257). Er fragt sich, warum er einer der verhasstesten Gruppen angehören will, die ihn auch noch zu Schuldgefühlen gegenüber seinen palästinensischen Freunden zwingt. Er erkennt seine „*beschämende Gier nach Zugehörigkeit, die stets ein Beleg mangelnder Selbstliebe bleibt.*" (LV 257) Die Möglichkeit nach Israel auszuwandern stelle den idealen Weg dar, irgendwo heimisch werden zu können: „Ich werde endlich ankommen, dazugehören. Kein in Klammern Migrationshintergrund, keine Skepsis, kein inneres Gericht. Jude in Israel. Punkt." (LV 142) Dennoch muss er sich eingestehen, dass er Deutschland vermissen würde und macht dies in erster Linie an der Sprache fest: „Gut, diese für Fremde ernst klingende, dabei doch so unfassbar lustige, zarte, tiefsinnige deutsche Sprache wird mir als Hauptmelodie meines akustischen Alltags fehlen. Meine *nemzi*. Trotzdem." (LV 150) Mit Dauer des Aufenthalts in Israel nimmt Dimitrijs Euphorie ab und er fragt sich selbst:

> Was sollte dieser übereilte Israel-Migrationsporno? Reichen wirklich ein netter Stammbaumforschungsonkel, ein Gauklergebet bei Meeresrauschen und die Aussicht auf einen funkelnden Staatlich-anerkannter-Jude-Stempel, um mich mein Leben in Deutschland hinschmeißen zu lassen? […] *Blutsverbundenheit* – hallo? Wo war meine gesunde Skepsis? Wo die Selbstachtung? Ich habe so sehr am Rad gedreht, dass ausgerechnet Papa in die Rolle des Deutschlandlobbyisten schlüpfen musste. (LV 157)

Er kommt zu dem Ergebnis, selbst wenn er nach Israel ziehen würde – „[d]as Gefühl des untilgbaren Makels wird ja doch bleiben. Scheinbar gehört es einfach zu mir." (LV 268) So wie sein Vater über sich sagt „Ich wurde in der Sowjetunion gebaut" (LV 70) stellt Dimitrij über sich selbst fest, er sei „made in Studierter-Mittelstand-Germany" (LV 268). Letztendlich plant er, einen deutschen Pass zu beantragen – „[w]enn überhaupt, bin ich deutscher Jude. Und nicht kompatibel mit Israels Gesellschaft." (LV 270)

---

[220] Vgl. LV 137, 138, 140, 141, 146, 147.

Die Reise in den Nahen Osten bewirkt einen Rollentausch zwischen den beiden Figuren: „Papa in Israel: mit einem Mal unerschütterlich. Ich dagegen bin eine auf sehr wackligen Beinen wandelnde Aspirin-Entsorgungsbox, die den Satz ,Sie können sofort Bürger dieses Landes werden' in Dauerschleife abspielt." (LV 140) Durch die Reise erkennt Dimitrij aber auch die zwei Seiten von Israel, das nicht nur einen immer greifbaren Zufluchtsort für seine Familie darstellt und so auch ein Stück Heimat in sich birgt, sondern das

> um eine Identität ringt, sämtliche Dreckjobs von schwarzen Juden erledigen lässt und immer stärker von ultrarechten, auf neue Siedlungen pochenden Orthodoxen bestimmt wird […]. Ebenso wie das Israel, das für einen trügerischen Status quo irrsinnige Sicherheitsmauern aufzieht und alle paar Monate gegen einen militärisch unterlegenen Gegner Krieg führt. (LV 196)

Wie Grjasnowas und Salzmanns Protagonistinnen wird auch Kapitelmans Ich-Erzähler mit dem Eintritt in den Nahen Osten sehr viel politischer. Anders als sein Vater reist Dimitrij auch nach Palästina. Dort lernt er viele junge Leute kennen, denen gegenüber er seine jüdischen Wurzeln jedoch versteckt. Sie führen Gespräche über mögliche Zukunftsperspektiven beider Gebiete: „Was, wenn diese staatsähnlichen Strukturen morgen tatsächlich Staat sein dürften? Wäre das Leben auf beiden Seiten des Sicherheitszauns dann nicht schlagartig leichter? Oder würde sich alles verschlimmern, wie ständig vom Likud behauptet?" (LV 231). Der Grund weshalb Leonid Kapitelman seinen Sohn nicht nach Palästina begleitet, ist eine tief in ihm verwurzelte Angst vor Arabern. So eröffnet *Das Lächeln meines unsichtbaren Vaters* nicht nur die Debatte um Rassismus und Antisemitismus gegenüber Geflüchteten in Deutschland, sondern deutet einen bisher viel weniger beleuchteten Aspekt des jüdischen Rassismus Arabern gegenüber an. Leonids Einstellung arabischen Menschen gegenüber nennt Dimitrij „Papas rassistisches Tourette" (LV 68). Er verurteilt seinen Vater dafür, gerade deshalb, weil er es als Rassismus-Opfer in Deutschland besser wissen sollte. Von den Freunden in Israel wird Dimitrij als Araberfreund bezeichnet – das „nahöstliche Äquivalent zum ,Gutmenschen'" (LV 91). Doch im Laufe der Erzählung gesteht sich auch Dimitrij ein, dass er Angst und Vorurteile hat. Er erkennt:

> Ich bin nicht der Allerweltsfreund und Freigeist, der ich gern wäre. Und auch nicht resistent gegen Rassismus, nur weil ich ihn am eigenen Leib erfahren habe. […] Ich fürchte, ich bin ein fingierter Gutmensch, der sich zum familieninternen Advokaten der Araber und zum Menschlichkeitsmagnaten aufschwingt, während ich dieselben Vorurteile unter dem Herzen trage, die ich so selbstgerecht verurteile. Musste ich erst in den Nahen Osten fliegen, um festzustellen, dass ich ein Pegida-Anhänger mit Migrationshintergrund bin? (LV 190ff.)

Er stellt sich seinem eigenen Rassismus, indem er nach Palästina reist. Dort trifft er die „denkbar warmherzigsten Menschen, [die denken,] dass Israel bombardiert gehört." (LV 265) Er erkennt, dass sein Glauben an den Frieden naiv ist, dass das Leben in der heutigen Zeit „das Feindsein leichter als das Freundsein" und das „Fürchten stärker als das Fühlen" mache (LV 265). Um die politischen Konflikte besser zu verstehen, werden häufig Metaphern verwendet: „You know the game Pac-Man? [...] Pac-Man eats everything. Pac-Man is Israel, Israel eating Palestine." (LV 245) Die Baugrube, an der in Ramallah ein Ministerium eröffnet werden soll, steht symbolisch für die Situation Palästinas:

> Neben der Verlautbarung klafft eine große, braune Grube, in deren Mitte ein kleiner Bagger keuchend, fast vorwurfsvoll seine Runden dreht. Zuweilen leistet ihm ein grüner Laster Gesellschaft. Fast schon rührend, wie die zwei Alleingelassenen an der Zukunft bauen. (LV 231)

Einige Tage später sind die Fahrzeuge verschwunden: „Ohne sie ist sie [die Baugrube] ein Sinnbild politischer Stagnation. Eine Miniatur der Ohnmacht, in der Dinas Heimat verfangen ist." (LV 247)

Die Handlungsorte des Romans sind Leipzig, Tel Aviv und Jerusalem. Doch auch Berlin erhält vor allem für den Protagonisten eine besondere Bedeutung. Der Ich-Erzähler zieht mit Anfang Zwanzig dorthin. Die Stadt kommt ihm sofort vertraut vor, da sie ihn an Kiew erinnert: „Endlich wieder feierlich breite, schillernde Allen, die mit schneidigen Hauptstädtern gesäumt waren. Endlich wieder der Duft der Metro in den U-Bahn-Schächten [...]." (LV 30) Berlin wird als idealer Ort für eine zerrüttete Existenz dargestellt:

> Die Starken und die Heimatlosen können in Berlin Zuflucht finden. Das Konzept einer deutschen Leitkultur existiert nicht. Das finde ich sehr befreiend. Wie soll deutsche Leitkultur hier auch aussehen, wenn nicht mal die einzelnen Stadtteile irgendeine Form von Homogenität aufweisen? Berlin ist meine Ersatzdroge für Kiew, mein Anti-Meerane und das Gegenteil von Grünau. (LV 32)

Während alle Orte zuvor immer von der Entscheidung der Eltern abhingen, bestimmt der Protagonist Berlin ganz allein. Ähnlich wie bei Kaminer steht Berlin hier für eine Wahlheimat für einen Menschen, der keine konkrete Heimat mehr hat.

Die wichtigsten Stationen des Transits sind der Flug von Berlin nach Israel und der Grenzübergang zwischen Israel und Palästina. Wenn er an Israel denkt, freut sich Leonid Kapitelman vor allem auf die Flughäfen: „Ich möchte die Sicherheit dort genießen. Jeder Jude, der dort angekommen ist, wurde als Bürger Israels aufgenommen. Diese Atmosphäre der Geborgenheit will ich auskosten.' Auf einen Schlag nicht mehr unsichtbar sein müssen." (LV 44) Als er jedoch aus dem Flugzeug einen ersten Blick auf das Land wirft, ist „*sratsch*" „das erste Wort, das Papa von seinem Fensterplatz aus für Israel findet. Frei übersetzt bedeutet *sratsch* Saustall." (LV 65) Bei der Einreise nach Israel erklären Vater und Sohn, dass Dimitrij den ukrainischen Nachnamen des Exmannes der Mutter angenommen habe, denn „Kapitelman sollte in der antisemitischen Ukraine unsichtbar bleiben." (LV 65) Die Beamtin reagiert mit „[s]emitsolidarische[m], durchwinkende[m] Lächeln" (LV 66). Anders als die Protagonistinnen in Grjasnowas und Salzmanns Romanen haben die Figuren in diesem Werk keine Einreiseprobleme. Auch am Grenzübergang von Palästina zurück nach Israel befindet sich Dimitrij in einer privilegierten Situation gegenüber den Palästinensern. Denn diese müssen sich einer entwürdigenden Warterei und Kontrolle unterziehen, während Dimitrij nicht einmal aus dem Bus steigen muss. Auf seinen Pass wird ein kurzer Blick geworfen, seine Sachen werden nicht durchsucht.

In Kapitelmans Werk finden sich erstmals die von Hausbacher als charakteristisch für migratorische Literatur bezeichneten appellartigen Erzähleräußerungen[221] in Form von Leseranreden: „Jetzt rede ich hier die ganze Zeit über Unsichtbarkeit und stelle mich selbst nicht mal vor. Verzeihung. Mein Name ist Dimitrij Kapitelman. Oder einfach Dima. Ich nehme an, Sie haben bereits bemerkt, dass ich eine besondere Beziehung zu meinem Vater hege." (LV 12) Der Ich-Erzähler steht wie der Protagonist in Kaminers Werken dem realen Autor biografisch sehr nah und trägt zudem den gleichen Namen. Auch ist er Kaminers Figur in der humorvollen, ironischen Erzählweise ähnlich. Das Werk ist geprägt von einer Reihe an Wortneuschöpfungen wie „rausmigriert werden" (vgl. LV 79), „Judkraine" (LV 109), „Fotogenitätsprüfungen" (LV 126), „Blutsbürgerschaft" (LV 140), „Identitätskater" (LV 157) und die Erfindung von „Identitin" (LV 157), die Sucht nach der eigenen Identitätssuche. Alltägliche Begriffe werden humorvoll umschrieben, die permanente Zahlungsverspätung der Miete seines Vaters nennt er einen „freejazzige[n] Zahlungsrythmus" (LV 58) und das Asylheim für Juden in den 1990ern ein „Wiedergutmachungsheim" (LV 72). Dinge werden dadurch stilisiert, dass sie in verfremdeter Schreibweise dargestellt werden, wie wenn die Möglichkeit der Übersiedlung nach Deutschland für Juden aus den Sowjetstaaten wie ein neues, wirtschaftliches Produkt beschrieben wird:

> „Kontingentflüchtlinge" – mit dieser Artikelbezeichnung machte der ethnopolitische Unternehmer Deutschland eine neue Warengruppe auf. Mein Vater ergatterte sein Existenzschnäppchen, die BRD bekam Rabatte auf ihre Vergangenheit. (LV 20)

Der schwarze Humor des Erzählers bezieht sich nicht selten auf den Holocaust. In ganz alltägliche Situationen baut er Vokabular ein, das eindeutig auf Judenverfolgung hinweist: „Ich bin also mit der Säuberung des Festtisches und der Deportation von allem Unorthodoxen und Unjüdischen befasst." (LV 56) Oft werden Verweise ganz unvermittelt und plötzlich eingebaut: „Sollte ich anhand dieses Lächelns darauf schließen, was für meinen Vater Jüdischsein bedeutet, müsste ich antworten: Im Tante-Emma-Laden eine Capri-Sonne stibitzen und dabei nicht erwischt (vergast) werden." (LV 46f.)

---

[221] Vgl. 2009, S. 140.

Die russische Sprache hat auch auf diesen Roman einen großen Einfluss. Anders als bei Salzmann werden russische Worte hier nicht in kyrillischen Buchstaben, sondern in Lateinschrift wiedergegeben. Vor allem das Wort *rastojen* begleitet den gesamten Text.[222] Der Erzähler übersetzt es mit „verstimmt bis traurig" (LV 68), es erinnert an die Eigenschaft der Melancholie, die den Russen so oft zugeschrieben wird. Es bezieht sich in der Regel auf den Vater, nach ihrem Rollentausch in Israel beschreibt es jedoch auch Dimitrijs eigene Gefühle: „Zwei Monate später bin ich es, der lethargisch in Netanya am Fenster steht. [...] Bei dem Gedanken an ihn [Hasan] werde ich noch etwas mehr *rastojen*." (LV 268) Am Ende, als der Vater zurück in Deutschland ist, habe ich anhand eines „importierten Fröhlichkeitsdepot[s]" diese Form der Melancholie überwunden: „Keine bleierne *rastojenstwa* weit und breit." (LV 280f.) Wenn russische Vokabeln und Wendungen verwendet werden, ist das oft so, weil ihre deutsche Entsprechung dem Wort oder Gefühl nicht gerecht werden könnte. „*Polesna*" übersetzt er zunächst mit „gut", muss dazu aber anmerken, dass die direkte Übersetzung „heilsam" oder „wohltuend" bedeute: „Es ist also gut/heilsam/wohltuend sich mit Juden zu umgeben." (LV 8) Am Ende kommt er noch einmal auf diese Vokabel zurück: „Ich habe beschlossen, dass es eigentlich gut/*polesna* wäre, noch etwas länger in Israel zu bleiben" (LV 273).[223] Zudem gibt es ungewöhnliche deutsche Formulierungen, die aus dem Russischen stammen wie etwa „der Magazin", wie das Geschäft des Vaters stets genannt wird oder wenn Leonid Borja fragt: „Hast du sie [Hose und Jacke] damals eigentlich im *Komplekt* [hervorgehoben von A. J.] gekauft?" (LV 82). Am Ende der Reise hat auch das Hebräische an Einfluss auf die Sprache gewonnen: „Gut heißt jetzt nicht mehr *choroscho*, sondern *beseder*." (LV 281)

Das Russische war für Dimitrij „in den vergangenen zwanzig Jahren vor allem Familien-Biotop-Sprache, Geheimcode in der Welt der Mehrheitsgermanen." (LV 74) Auf Deutsch kann er sich mit seinen Eltern nicht unterhalten. Einmal versucht der Vater ihm einen Brief auf Deutsch vorzulesen: „Verletzung der Pflicht. Keine weitere Ver-trauens-grundlage fur weiteres Mietverhältnisses. Unzu, unzu – Vera, *schto eto sa slowa*? Un-zu-mut-bar. Unzumutbar." (LV 61) Diese Haspelei ist für den Sohn der Beweis dafür, dass sein Vater in diesem Land niemals angekommen ist. In Israel allerdings „schimmert eine ungeahnte Verdeutschung aus seiner Wortwahl hervor" (LV 66), wenn er seinem alten Freund etwa auf Russisch von den Problemen mit seinem Vermieter berichtet und dafür die deutsche Vokabel „Vermieter" statt einer russischen Entsprechung verwendet.

---

[222] Vgl. LV 68, 81, 103, 160, 268, 280.

[223] Weitere dieser russischen Ausdrücke im Text sind „*rinak*" und „*salo*" ohne direkte Übersetzung (LV 10), „*Batjko, paimij sche sirdze*" (Väterchen, hab doch ein Herz)" (LV 10), „*Naidjom, naidjom*" (LV 53), „*da, sluschaju was*" (LV 82), „*nemzi*" (LV 83), „*faschiki*" (LV 86), „[...] *lochs*.' Das ist eine russische Bezeichnung für Trottel" (LV 87f.), „*mechet*" (LV 95), „*naschi*" (LV 105), „*Amerikossi*" (LV 111), „*Rodaslawnaja*" (LV 131), „*Russkij? Da, russkij*" (LV 150), „*kopejik*" (LV 155) und „*stena placht*" (LV 164).

Obwohl der Roman am ehesten der drei Werke dritter Stimme an Kaminers Literatur erinnert, können auch hier keine Spuren eines pikaresken Romans gefunden werden. Vielmehr handelt es sich um Reiseliteratur. Der „Israel & Palästina"-Reiseführer von Lonely Planet ist ständiger Begleiter des Protagonisten, er gibt ihm sogar den „funky Spitznamen" LP (LV 198). Häufig wird LP zitiert und personifiziert.[224] Außerdem bietet er eine Projektionsfläche für die Gefühle des Protagonisten: „Armer, geschundener Lonely Planet, jetzt siehst du so aufgedunsen und klamm aus, wie ich mich fühle." (LV 125) In seiner Einsamkeit in Palästina redet er gar mit ihm: „Wenn ich schon Gaza nicht sehe, dann wenigstens Nabulus. Wird schon nichts passieren, oder was meinst du, *LP*? Frag mich nicht, sagt der, ich bin nur ein Buch." (LV 233)

In ihrer *Einführung in die Reiseliteratur* (2017) stellen Andreas Keller und Winfried Siebers neue Tendenzen der Reiseliteratur seit 1990 fest. In Anlehnung an Samuel P. Huntingtons *The Clash of Civilizations* (1996) seien vor allem neue Mobilitäten ein Resultat der politischen Wendezeiten seit Mitte des 20. Jahrhunderts, die sich in Form von dualen oder gespaltenen Erfahrungshorizonten auch auf literarische Werke auswirken:

> In Bezug auf das Reisen bedeutet dieses Phänomen vor allem ein erfahrungsgesättigtes, bilaterales Oszillieren und Formulieren von Personen, die nicht mehr zwischen zwei hermetisch getrennten kulturräumlichen Sphären wechseln und „zurückkehren", sondern in das „Fremde" bereits mit dem Eigenen kommen […].[225]

Vor allem die Reise in Krisen- und Kriegsgebiete sei ein aktuelles Phänomen.[226] Für Autor/innen mit Migrationshintergrund bestehe die Besonderheit, dass sie das bereiste Land nicht allein als Besucher, sondern „mit dem Blick des damit bereits Vertrauten, des Zurückkehrenden wahr[nehmen], so dass sich die reine Opposition oder gar Konfrontation zwischen bilateralen Sphären zugunsten ‚hybrider' Wahrnehmungsmuster auflöst".[227] Kapitelman und auch Grjasnowa und Salzmann gehören demnach einem „neuen Reise-Autor-Typus"[228] an, der von wechselbaren Zugehörigkeiten geprägt ist und so eine mehrfache Blickverschiebung ermöglicht.

---

[224] Vgl. LV 110, 125, 127, 158, 163, 165, 198ff., 217, 220, 238.
[225] Keller/Siebers 2017, S. 148.
[226] Vgl. ebd.
[227] Ebd. S. 166.
[228] Ebd.

Schlussbetrachtung

Die öffentliche und gesellschaftliche Erwartungshaltung stellt sich als problematisch für junge Autor/innen heraus, die aus Migrantenfamilien stammen. Denn von Menschen, deren Lebensgeschichte durch Migration geprägt ist, wird in der Regel migratorischer und autobiografischer Kontext in ihren Werken erwartet. Grjasnowas These, dass die Literatur dieser Autor/innen nur über deren Biografien zusammengefasst werde und keine gemeinsamen Inhalte und Formen zeige, hat sich allerdings nicht als haltbar erwiesen. Wie sich zeigte, wird in der Literaturwissenschaft vor allem in den letzten Jahren immer wieder nach einer Poetik der Migration gefragt. Und so gibt es bereits ein Repertoire an Charakteristika von migratorischer Literatur, das hier zusammengetragen und beispielhaft an Texten überprüft wurde.

Einige dieser migratorischen Charakteristika finden sich auch in der Literatur der dritten Stimme wieder. Die biografische Nähe zwischen Autor/in und Ich-Erzähler/in ist nach wie vor präsent. Die Texte dritter Stimme orientieren sich inhaltlich und motivisch weiterhin an geschichtlichen und biografischen Stoffen. Migrationserfahrungen und die damit verbundene Auflösung der Binäropposition Fremde und Heimat sind inhaltlicher Schwerpunkt aller Texte. Die Romane und ihre Figuren verhandeln Fragen der Selbst- und Fremdwahrnehmung. Dabei geht es vor allem um ethnische, sprachliche, religiöse und nationale Zugehörigkeiten und multiple Identitätskonstruktionen. Nicht selten werden die verschiedenen Zugehörigkeiten über Stereotypisierungen von Personen konstruiert – bei Olga Grjasnowa werden die Deutschen klischeehaft dargestellt, bei Sasha Marianna Salzmann die Russen, bei Dimitrij Kapitelman die Araber. In Grjasnowas Roman werden Identitätszugehörigkeiten permanent verhandelt und Migrantenfiguren als hybride Identitäten dargestellt. Salzmanns und Kapitelmans Erzählungen sind subjektive Identitätssuchen der Protagonist/innen, die, wie die Figur der Ali, „in der Kausalitätslosigkeit der Geschichte" (AS 274) nicht in der Lage sind, ein „festgeschriebenes Я [ich]" (AS 275) zu finden. Alle drei Hauptfiguren sind in gewisser Hinsicht deterritorialisiert und haben keinen örtlichen Bezugspunkt, sie sprechen fließend mehrere Sprachen, ihre jüdischen Wurzeln stehen im Kontrast zu ihrer atheistischen Weltanschauung und ihre ethnische Zugehörigkeit ist ihnen selbst völlig unklar.

Die Großstadt als heterogener Mischraum im Kontrast zum homogenen ländlichen Raum spielt auch in der dritten Stimme eine bedeutende Rolle, wenngleich die untersuchten Texte nicht mehr in der Tradition einer intertextuellen Metropolenliteratur wie bei Veremej und Martynova stehen. Während in der zweiten Stimme häufig deutsche Städte in den Blick gerückt werden, sind es in der dritten Stimme Orte im Nahen Osten wie Istanbul, Tel Aviv und Jerusalem. Wie bei Veremej und Kaminer werden bei Kapitelman, Salzmann und Grjasnowa Städte zum Schauplatz politisch-sozialer Umbrüche und auch städtebaulicher Veränderungen, die symbolisch für die politische Situation des Landes stehen. Auch den Transit-Orten bzw. Übergangsorten wie Bahnhöfen, Flughäfen oder Asylbewerberheimen wird weiterhin eine besondere Bedeutung der Ankunft, des Abschieds und der Transformation zugeschrieben. Auf formaler Ebene lassen sich Parallelen zwischen zweiter und dritter Stimme im *blurring of genres*, in der multiperspektivischen und analeptischen Erzählweise und in der Duplizität in Figurenkonstellation und Milieu beobachten. In der dritten Stimme findet man gar eine Verdreifachung des Ortes, denn alle drei Romane spielen in der ehemaligen Sowjetunion, in Deutschland und im Nahen Osten.

Die drei Romane der dritten Stimme weisen zudem viele neue Gemeinsamkeiten auf: Die Protagonist/innen sind junge Erwachsene, die als Kinder nach dem Zusammenbruch der Sowjetunion mit ihren Eltern als jüdische Kontingentflüchtlinge nach Deutschland kamen. Dort hatten sie keine leichte Kindheit, wenngleich die Motivation ihrer Eltern war, ihnen in Deutschland ein besseres Leben als in der alten Heimat zu ermöglichen. Sie waren in der neuen Umgebung der Ausländerfeindlichkeit ihrer Mitschüler/innen und Mitmenschen ausgesetzt. So weit ähneln die Bewegungslinien denen in den Romanen der zweiten Stimme. Doch Grjasnowa, Salzmann und Kapitelman erweitern ihre Romane um eine dritte gemeinsame Bewegungslinie: Als junge Erwachsene begeben sich die Ich-Erzähler/innen auf eine Reise der Selbstfindung in den Nahen Osten nach Israel und Palästina oder in die Türkei. In der Fremde finden sie ein Stück Heimat – Mascha erinnert sich in Israel plötzlich an Baku, Ali fühlt sich mitten in Istanbul als wäre sie in einem russischen Dorf an der Wolga und Dimitrij überlegt sogar, einige Jahre in Israel zu leben. Auch werden ihre Beobachtungen plötzlich sehr viel politischer: Der Konflikt zwischen Israel und Palästina ist ein zentrales Thema bei Kapitelman und Grjasnowa. Salzmanns Roman berichtet von den Unruhen während des Militärputsches in der Türkei im Juli 2016.

Auch geraten in der dritten Stimme interkulturelle Familiengeschichten und russisch-jüdische Familiengenealogie noch stärker in den Fokus. Vor allem Salzmanns Werk ist ein Generationenroman, der die Geschichte von Flucht und Vertreibung einer Familie im 20. Jahrhundert erzählt. In Deutschland schämen sich die Kinder für ihre Eltern (etwa für die fehlenden Sprachkenntnisse oder ihre schlechte finanzielle Situation). Dies spielt eine besondere Rolle in ihrer Beziehung zueinander. Auch ihre Identitätsprobleme verstehen die Kinder zum Teil als Resultat der Emigrationsentscheidung der Eltern, weshalb sich die beiden

Generationen entfremden. Ein weiterer Bruch entsteht durch die Partizipation an unterschiedlichen Werteordnungen – die Eltern orientieren sich an ihrer konservativeren Herkunftsgesellschaft, während sich ihre in Deutschland sozialisierten Kinder an Werteordnungen der Ankunftsgesellschaft orientieren. Es folgt ein Zusammenprall der Anschauungen – etwa bezüglich sich verändernder Genderkonzepte. Ali wird zum Mann und findet erst dadurch wirklich zu sich selbst. Die Eltern akzeptieren diese Veränderung jedoch nicht und zeigen kein Verständnis. Auch Dimitrijs Werteordnung entspricht der eines antirassistischen, linkspolitischen „Gutmensch[en]" (LV 194) und führt zu regelmäßigen Konflikten mit seinem araberfeindlichen Vater. Insgesamt aber ist *Das Lächeln meines unsichtbaren Vaters* noch am ehesten eine positive Migrationsgeschichte, denn die Reise nach Israel erweckt in Vater und Sohn neue Hoffnung und bietet vor allem Dimitrij neue Aspekte seiner Identität, sodass er am Ende die deutsche Staatsbürgerschaft beantragen möchte. So wird hier im krassen Gegensatz zu Grjasnowa ein positives Ende gezeichnet, bei dem die Elterngeneration zwar weiterhin als die dargestellt wird, die am meisten mit den Auswirkungen der Migration zu kämpfen hat, die nun aber weniger desillusioniert ist. In *Der Russe ist einer der Birken liebt* stellt sich Deutschland für alle Familienmitglieder als Enttäuschung heraus, wenngleich Mascha dort die besten Zukunftsaussichten und Möglichkeiten hat. Doch die Migration hat sie zerrissen, machte sie zu einer Heimatlosen und ließ ihre Eltern unglücklich werden. Auch in *Außer sich* hat Migration negative Auswirkungen auf die Familie. Die Eltern trennen sich, weil sie in Deutschland nicht das erhoffte Glück fanden. Der Vater geht zurück nach Russland. Für Ali dagegen scheint nicht der Ort, sondern ihr Geschlecht das Identitätsproblem zu sein. Das erkennt sie jedoch erst durch die räumliche Entfernung von Deutschland und von ihren Eltern.

Das typische russisch-sowjetische Symbolinventar der zweiten Stimme spielt in der dritten Stimme kaum noch eine Rolle. In den Elterngenerationen gibt es vereinzelt Figuren, die als „Sowjetmenschen" dargestellt werden – doch für ihre Kinder haben diese Zugehörigkeiten keine Bedeutung mehr. Rein sprachlich scheint das Russische aber eine stärkere Position einzunehmen als in den Texten von Kaminer, Veremej etc. Wie die Figuren sind die Romane mehrsprachig gestaltet und durch den Einfluss einzelner Vokabeln oder ganzer Sätze auf Russisch geprägt. Die Sprache ihrer Herkunftsländer betrachten die Figuren als Teil ihrer Identität oder – um noch einmal mit Tichomirova zu sprechen – als „das Haus des Auswanderers".[229] Eine Selbstinszenierung als „immigrant chic" wie bei Kaminer sucht man indes vergeblich. Vielmehr zeigen die Romane Figuren, die sich wie bei Grjasnowa als Deutsche fühlen, von anderen aber nicht als solche wahrgenommen werden. In diesem Sinne entlarven die Texte immer wieder bestimmte zwischenmenschliche Situationen als rassistische Akte. Salzmann thematisiert in

---

[229] Vgl. 2000, S. 174.

ihrem Roman außerdem Homophobie. Soziale Randgruppen spielen so in allen drei Texten eine wichtige Rolle.

Die Analyse hat gezeigt, dass die Literatur von Autor/innen der dritten Stimme bestimmte Themen und Formen der zweiten Stimme, die gemeinhin als „Migrationsliteratur" verstanden wird, aufgreift. Sie erweitern diese zusätzlich, da sie Figuren entwerfen, die während der Migration noch Kinder waren und so neue Perspektiven ermöglichen. So tragen auch die Werke der dritten Stimme deutliche Spuren migratorischer Literatur in sich. Hybridität und das Transitorische haben sich als Leitmotive dieser Literatur herausgestellt. Dies zeigt sich schon darin, dass die Figuren weder einen starken Heimatbezug noch eine besondere Akkulturation an die Ankunftsgesellschaft aufweisen. Sie befinden sich stets auf einem Zwischenweg, einer Art Kompromiss. Weiterhin wurden aber auch neue Trends beobachtet, die sich vom Themenspektrum Migration entfernen. Vor allem psychische Probleme der jungen Erwachsenen stehen im Vordergrund: Grjasnowas Protagonistin versucht den Verlust eines geliebten Menschen zu überwinden. Detailliert wird der Weg der Trauer beschrieben. Salzmanns Roman erbringt neben der Trans-Debatte eine umfangreiche Mainstream-Kritik. Die hier dargestellte Ziellosigkeit einer jungen Generation, die permanente Sexualisierung von allem, der Drogenkonsum, die Leidenschaftslosigkeit der Liebesbeziehungen, die Verwahrlosung von Figuren und Orten und die Abwesenheit von Arbeit erinnern an Popliteratur der 1990er. Mit seinem Fokus auf die Vater-Sohn-Beziehung ist Kapitelmans Werk ein klassischer Familienroman, der sich anders als Salzmanns Generationenroman nicht auf mindestens drei Generationen konzentriert, sondern allein die Beziehung zwischen Eltern und Kindern beleuchtet.

Die Werke der Literat/innen der dritten Stimme werden anders als die der zweiten Stimme nicht mehr mit deutlichem Verweis auf ihren Migrationshintergrund vermarktet. Wie Navid Kermani es bereits formuliert hat, stellt sich migratorische Literatur der dritten Stimme als deutsche Literatur mit einem „anderen kulturellen Blick" heraus. Die Autor/innen schöpfen vielleicht aus einem reicheren, definitiv aber aus einem anderen Archiv als die meisten deutschen Autor/innen ihrer Generation. Grjasnowa, Salzmann und Kapitelman schreiben durchaus keine reinen Migrationserzählungen. Dennoch beeinflussen die russischen, ukrainischen und aserbaidschanischen Wurzeln ihrer Figuren deren Handlungs- und Denkweisen ungemein. Würden die Werke keine Spuren der migratorischen Literatur zweiter Stimme in sich tragen, so könnte man Grjasnowas Aussage zustimmen, die einzige Gemeinsamkeit der Autor/innen sei „ihre Herkunft und nicht etwa eine ästhetische oder thematische Gemeinsamkeit"[230]. Da jedoch auch viele inhaltliche und formale Gemeinsamkeiten festgestellt wurden, muss Grjasnowas Aussage widersprochen werden: Die untersuchten Romane sind migratorische Romane, wenngleich nicht in erster Linie. Die Literatur der dritten Stimme

---

[230] o.V. „Olga Grjasnowa findet Label ‚Migrationsliteratur' unsäglich" 2017.

entwickelt durchaus eine eigene Ästhetik, die sich aus Erzählformen der Gegenwartsliteratur und den persönlichen Erfahrungen der Autor/innen zusammensetzt.

Einen interessanten Ausblick ermöglicht an dieser Stelle Saša Stanišićs bereits erwähnte These von der „exile story", die seinen Ausführungen zufolge oft in Debütromanen von Autor/innen mit Migrationshintergrund erzählt werde. Da es sich bei den hier ausgewählten Texten der dritten Stimme in allen drei Fällen um Erstlingswerke handelt, könnte ein Hinzuziehen weiterer Romane derselben Autor/innen den Gehalt dieser These prüfen und zu neuen Erkenntnissen darüber führen, ob eine Literatur der Migration als solche existiert oder die „exile story" stets nur einen Ausschnitt aus dem Werk einer deutschsprachigen Gegenwartsautorin bzw. eines deutschsprachigen Gegenwartsautors darstellt. Zum aktuellen Stand liegen mit *Die juristische Unschärfe einer Ehe* (2014) und *Gott ist nicht schüchtern* (2017) allerdings nur von Olga Grjasnowa weitere Romane vor.

Abkürzungsverzeichnis

AS: Sasha Marianna Salzmann: *Außer sich.*

BO: Nellja Veremej: *Berlin liegt im Osten.*

LV: Dimitrij Kapitelman: *Das Lächeln meines unsichtbaren Vaters.*

MM: Wladimir Kaminer: *Militärmusik.*

RB: Olga Grjasnowa: *Der Russe ist einer, der Birken liebt.*

RD: Wladimir Kaminer: *Russendisko.*

SP: Olga Martynova: *Sogar Papageien überleben uns.*

ZS: Vladimir Vertlib: *Zwischenstationen.*

Literaturverzeichnis

Primärliteratur

Grjasnowa, Olga (2013 [2012]): *Der Russe ist einer der Birken liebt*, München: dtv.

Kaminer, Wladimir (2002 [2000]): *Russendisko*. München: Goldmann.

Ders. (2003 [2001]): *Militärmusik*. München: Goldmann.

Kapitelman, Dmitrij (2016): *Das Lächeln meines unsichtbaren Vaters*, Berlin: Hanser Berlin.

Martynova, Olga (2012 [2010]): *Sogar Papageien überleben uns*. München: btb.

Saburova, Irina (1950): *Die Stadt der verlorenen Schiffe*. Heidelberg: Carl Pfeffer.

Salzmann, Sasha Marianna (2017): *Außer sich*. Berlin: Suhrkamp.

Şenocak, Zafer (2006): „Der Saxophonspieler", in: Arnold, Heinz Ludwig (Hrsg.): *Literatur und Migration*. Text + Kritik Sonderband. München: Richard Boorberg, S. 30-35.

Tawada, Yoko (2007 [2005]): Ein Brief an Olympia, in: *Kakanien Revisited*, 22.12.2007 verfügbar unter:

http://www.kakanien-revisited.at/beitr/verb_worte/YTawada1.pdf (27.03.2019)

Veremej, Nellja (2013): *Berlin liegt im Osten*. Salzburg/Wien: Jung und Jung.

Vertlib, Vladimir (2005 [1999]): *Zwischenstationen*. München: dtv.

Sekundärliteratur

Ackermann, Irmgard (2008): „Die Osterweiterung der deutschsprachigen ‚Migrantenliteratur' vor und nach der Wende", in: Bürger-Koftis, Michaela (Hrsg.): *Eine Sprache – viele Horizonte. Die Osterweiterung der deutschsprachigen Literatur. Porträts einer neuen europäischen Generation.* Wien: praesens-Verlag, S. 13-22.

Behravesh, Monika L. (2017): *Migration und Erinnerung in der deutschsprachigen interkulturellen Literatur.* Bielefeld: Aisthesis.

Braun, Michael (2010): „Ankunft in Wörtern". Interview mit Marica Bodrožić. Berlin: Konrad Adenauer Stiftung, verfügbar unter:

http://www.kas.de/upload/themen/deutschesprache/interview_bodrozic.pdf (27.03.2019)

Chambers, Ian (1996): *Migration, Kultur, Identität.* Tübingen: Stauffenburg.

Chiellino, Camine (2000a): „Einleitung: Eine Literatur des Konsenses und der Autonomie – Für eine Topographie der Stimmen", in: Ders. (Hrsg.): *Interkulturelle Literatur in Deutschland. Ein Handbuch.* Stuttgart/Weimar: J. B. Metzler, S. 51-62.

Ders. (2000b): „Interkulturalität und Literaturwissenschaft", in: Ders. (Hrsg.): *Interkulturelle Literatur in Deutschland. Ein Handbuch.* Stuttgart/Weimar: J. B. Metzler, S. 387-398.

Ders. (2001): „Der interkulturelle Roman", in: Ders.: *Liebe und Interkulturalität. Essays 1988-2000.* Tübingen: Stauffenburg, S. 108-122.

Codina, Núria (2017): „Transiträume in den Romanen Emine Sevgi Özdamars und Feridun Zaimoğlus", in: Egger, Sabine/Bonner, Withold/Hess-Lüttich, Ernest W.B. (Hrsg.): *Transiträume und transitorische Begegnungen in Literatur, Theater und Film.* Frankfurt a.M.: Peter Lang, S.33-46.

Dickstein, Morris (2008): „Questions of Identity: The New World of the Immigrant Writer", in: Rosenfeld, Alvin H. (Hrsg.): *The Writer Uprooted. Contemporary Jewish Exile Literature.* Bloomington: Indiana University Press, S. 110-132.

Dürig, Uta-Micaela (2017): „Im Fokus wird die Förderung kultureller Teilhabe durch Literaturvermittlung stehen", in: *Chamisso – viele Kulturen, eine Sprache,* Nr. 16 (März 2017), S. 51-52. Stuttgart: Robert Bosch Stiftung, verfügbar unter:

http://www.bosch-stiftung.de/de/publikation/chamisso-nr-16-2017 (27.03.2019)

Ernst, Thomas (2006): „Jenseits von MTV und Musikantenstadl. Popkulturelle Positionierungen in Wladimir Kaminers ‚Russendisko' und Feridun Zaimoğlus ‚Kanak Sprak'", in: Arnold, Heinz Ludwig (Hrsg.): *Literatur und Migration.* Text + Kritik Sonderband. München: Richard Boorberg, S. 148-158.

Esselborn, Karl (2004): „Der Adelbert-von-Chamisso-Preis und die Förderung der Migrationsliteratur", in: Schenk, Klaus/Todorov, Almut/Tvrdík, Milan (Hrsg.): *Migrationsliteratur. Schreibweisen einer interkulturellen Moderne.* Tübingen/Basel: Francke, S. 317-325.

Ette, Ottmar (2004): *Die Aufgabe der Philologie.* Berlin: Kadmos.

Ders. (2012): *TransArea. Eine literarische Globalisierungsgeschichte.* Berlin, Boston: De Gruyter.

Faure, Marie-Noëlle (2015): „Von der Chamissoliteratur zur Ankunftsliteratur –
interkulturelle Literatur und Neubestimmung des Deutschseins", in: Warakomska,
Anna/Öztürk, Mahmet (Hrsg.): *Man hat Arbeitskräfte gerufen, … es kamen
Schriftsteller. Migranten und ihre Literaturen.* Frankfurt/M.: Peter Lang, S. 41-56.

Fischer-Kania, Sabine (2010): „Berlin, von Moskau aus und anderswoher aus
betrachtet: Stadtwahrnehmungen in Wladimir Kaminers ‚Russendisko' und
‚Schönhauser Allee'", in: Harder, Matthias/Hille, Almut (Hrsg.): *„Weltfabrik
Berlin": Eine Metropole als Sujet der Literatur.* Würzburg: Königshausen & Neumann,
S. 257-272.

Galli, Matteo (2008): „*Wirklichkeit abbilden heißt vor ihr kapitulieren*: Saša Stanišić", in:
Bürger-Koftis, Michaela (Hrsg.): *Eine Sprache – viele Horizonte. Die Osterweiterung der
deutschsprachigen Literatur. Porträts einer neuen europäischen Generation.* Wien: praesens-
Verlag, S. 53-63.

Hahn, Hans-Joachim (2009): „'Europa' als neuer 'jüdischer Raum'? – Diana Pintos
Thesen und Vladimir Vertlibs Romane", in: Schmitz, Helmut (Hrsg.): *Von der
nationalen zur internationalen Literatur. Transkulturelle deutschsprachige Literatur und Kultur
im Zeitalter globaler Migration.* Amsterdam/New York: Rodopi, S. 295-310.

Hakkarainen, Marja-Leena (2004): „German home and hybridity: Reclaiming new
cultural identities in selected German migrant narratives from the 1990s", in:
Kupiainen, Jari/Sevänen, Erkki/Stotesbury, John A. (Hrsg.): *Cultural Identity in
Transition. Contemporary Conditions, Practices and Politics of a Global Phenomenon.* New
Delhi: Atlantic, S. 191-204.

Hausbacher, Eva (2009): *Poetik der Migration. Transnationale Schreibweisen in der
zeitgenössischen russischen Literatur.* Tübingen: Stauffenburg.

Hawley, John C. (1996): *Cross-Adressing: Resistance Literature and Cultural Borders.* New
York: State University of New York Press.

Heero, Aigi (2009): „Zwischen Ost und West: Orte in der deutschsprachigen
transkulturellen Literatur", in: Schmitz, Helmut (Hrsg.): *Von der nationalen zur
internationalen Literatur. Transkulturelle deutschsprachige Literatur und Kultur im Zeitalter
globaler Migration.* Amsterdam/New York: Rodopi, S. 205-225.

Hille, Almut (2005): *Identitätskonstruktionen: die „Zigeunerin" in der deutschsprachigen
Literatur des 20. Jahrhunderts.* Würzburg: Königshausen & Neumann.

Höfer, Kristina (Hrsg.) (2013): *Poetiken der Migration. Ein Glossar.* Saarbrücken:
Universität des Saarlandes.

Verfügbar unter: https://www.uni-saarland.de/lehrstuhl/solte-
gresser/forschung/poetiken-der-migration.html#c83773 (27.03.2019)

Hoff, Karin (Hrsg.) (2008): *Literatur der Migration – Migration der Literatur.* Frankfurt/M.:
Peter Lang.

Horst, Claire (2007): *Der weibliche Raum in der Migrationsliteratur. Irena Brežna – Emine
Sevgi Özdamar – Libuše Moníková.* Berlin: Schiler.

Isterheld, Nora (2017): *„In der Zugluft Europas" Zur deutschsprachigen Literatur
russischstämmiger AutorInnen.* Bamberg: University of Bamberg Press.

Kampel, Felix (2017): *Peripherer Widerstand. Der neue Nationalismus im Spiegel jüdischer Gegenwartsliteratur.* Marburg: Tectum.

Karelina, Ekaterina (2006): „Identitätskonstruktion als Imagemaking. Wladimir Kaminers Militärmusik", in: Breuer, Ulrich/Sandberg, Beatrice (Hrsg.): *Grenzen der Identität und der Fiktionalität.* München: Iudicium, S. 102-111.

Kasack, Wolfgang (1996): *Die russische Schriftsteller-Emigration im 20. Jahrhundert. Beiträge zur Geschichte, den Autoren und ihren Werken.* München: Sagner.

Keller, Andreas/Siebers, Winfried (2017): *Einführung in die Reiseliteratur.* Darmstadt: WBG.

Löffler, Sigrid (2014): *Die neue Weltliteratur und ihre großen Erzähler.* München: Beck.

Lubrich, Oliver (2005): „Sind russische Juden postkolonial? Wladimir Kaminer und das Ende der Identitäten in Berlin", in: *Estudios Filológicos Alemanes* 7, S. 211-232.

Meixner, Andrea (2014): „Zwischen Ost-West-Reise und Entwicklungsroman? Zum Potenzial der so genannten Migrationsliteratur", in: Cornejo, Renata u.a. (Hrsg.): *Wie viele Sprachen spricht die Literatur? Deutschsprachige Gegenwartsliteratur aus Mittel- und Osteuropa.* Wien: Praesens, S. 37-54.

Menzel, Birgit/Schmid Ulrich (2007): „Der Osten im Westen. Importe der Populärkultur", in: *Osteuropa,* 57/5, 3-21.

Meurer, Christoph (2009): „,Ihr seid anders und wir auch': Inter- und transkulturelle Russlandbilder bei Wladimir Kaminer", in: Schmitz, Helmut (Hrsg.): *Von der nationalen zur internationalen Literatur. Transkulturelle deutschsprachige Literatur und Kultur im Zeitalter globaler Migration.* Amsterdam/New York: Rodopi, S. 227-241.

Molnár, Katrin (2009): „,Die bessere Welt war immer anderswo'. Literarische Heimatkonstruktionen bei Jakob Hessing, Chaim Noll, Wladimir Kaminer und Vladimir Vertlib im Kontext von Alija, jüdischer Diaspora und säkularer Migration", in: Schmitz, Helmut (Hrsg.): *Von der nationalen zur internationalen Literatur. Transkulturelle deutschsprachige Literatur und Kultur im Zeitalter globaler Migration.* Amsterdam/New York: Rodopi, S. 311-336.

Oppenrieder, Wilhelm/Thurmair, Maria (2003): „Sprachidentität im Kontext von Mehrsprachigkeit", in: Janich, Nina/Thim-Mabrey, Christiane (Hrsg.): *Sprachidentität – Identität durch Sprache.* Tübingen: Gunter Narr, S. 39-60.

o.V. (o.D.): „Ich bin ein Teil der deutschen Literatur, so deutsch wie Kafka" [Interview]. *Cicero,* o.D., verfügbar unter: https://www.cicero.de/ich-bin-ein-teil-der-deutschen-literatur-so-deutsch-wie-kafka/45292 (27.03.2019)

o.V.: „Olga Grjasnowa findet Label ,Migrationsliteratur' unsäglich" [Interview mit Olga Grjasnowa], in: *Welt,* 25. März 2017, verfügbar unter: https://www.welt.de/newsticker/dpa_nt/infoline_nt/boulevard_nt/article16315 3046/Olga-Grjasnowa-findet-Label-Migrationsliteratur-unsaeglich.html (27.03.2019)

Pekar, Thomas (2017): „Heimat, Anpassung und Transit in der Literatur des Exils *und* der Migration. Versuch einer Zusammenführung", in: Egger, Sabine/Bonner,

Withold/Hess-Lüttich, Ernest W.B. (Hrsg.): *Transiträume und transitorische Begegnungen in Literatur, Theater und Film*. Frankfurt a.M.: Peter Lang, S. 131-144.

Peters, Laura (2012): *Stadttext und Selbstbild. Berliner Autoren der Postmigration nach 1989*. Heidelberg: Winter.

Plath, Jörg (2012): „Hochtouriges Identitätenkarussell", in: *Neue Züricher Zeitung*, 13. März 2012, verfügbar unter:

https://www.nzz.ch/hochtouriges_identitaetskarussell-1.15713595 (27.03.2019)

Reeg, Ulrike (1988): *Schreiben in der Fremde. Literatur nationaler Minderheiten in der Bundesrepublik Deutschland*. Essen: Klartext.

Reinhardt, Helena (2012): *Russische Schriftsteller – Emigranten des 20. Jahrhunderts in Deutschland. Die Suche nach kultureller Identität in den Werken von Fedor Stepun, Irina Saburova und Leonid Giršovič*. Hamburg: Dr. Kovač.

Rösch, Heidi (1992): *Migrationsliteratur im interkulturellen Kontext*. Frankfurt/M.: Verlag für Interkulturelle Kommunikation.

Rutten, Ellen (2007): „Tanz um den roten Stern. Die Russendisko zwischen Ostalgie und SozArt", in: *Osteuropa* 57/5, 109-124.

Schenk, Klaus/Todorov, Almut/Tvrdík, Milan (Hrsg.) (2004): *Migrationsliteratur. Schreibweisen einer interkulturellen Moderne*. Tübingen/Basel: Francke.

Schmitz, Helmut (Hrsg.) (2009): *Von der nationalen zur internationalen Literatur. Transkulturelle deutschsprachige Literatur und Kultur im Zeitalter globaler Migration*. Amsterdam/New York: Rodopi.

Schwens-Harrant, Brigitte (2014): *Ankommen: Gespräche mit Dimitré Dinev, Anna Kim, Radek Knapp, Julya Rabinowich, Michael Stavarič*. Wien, Graz, Klagenfurth: Styria Premium.

Stanišić, Saša (2008): „Three Myths of Immigrant Writing: A View from Germany", in: *WORDS without BORDERS*, verfügbar unter:

https://www.wordswithoutborders.org/article/three-myths-of-immigrant-writing-a-view-from-germany (27.03.2019)

Strasser, Alfred (2006): „Einmal Leningrad – Wien – New York und zurück. Stationen einer Odyssee in Vladimir Vertlibs Roman Zwischenstationen", in: *Germanica*, 38, S. 103-113.

Terpitz, Olaf (2005): „Between Russendisko and the Yid Peninsula. The Concepts of Art and Lebenswelt in the Work of Wladimir Kaminer and Oleg Iur'ev", in: *Leo Baeck Inst Yearbook* 50, S. 289-298.

Tichomirova, Elena (2000): „Literatur der russischen Emigrant/innen", in: Chiellino, Camine (Hrsg.): *Interkulturelle Literatur in Deutschland. Ein Handbuch*. Stuttgart/Weimar: J. B. Metzler, S. 166-176.

Trojanow, Ilja (2009): „Migration als Heimat", in: *Neue Zürcher Zeitung*, 30.11.2009, verfügbar unter:

https://www.nzz.ch/migration_als_heimat-1.4081973 (27.03.2019)

Uffelmann, Dirk (2003): „Konzilianz und Asianismus. Paradoxe Strategien der jüngsten deutschsprachigen Literatur slavischer Migranten", in: *Zeitschrift für Slavische Philologie* 62/2, S. 277-309.

Ünlüsoy, Mehmet (2007): „Kommunikationsstörungen und Konfrontationen zwischen Deutschen und Ausländern in der Migrantenliteratur", in: Valentin, Jean-Marie (Hrsg.): *Akten des XI. Internationalen Germanistenkongresses Paris 2005. Band 6: Migrations-, Emigrations- und Remigrationskulturen – Multikulturalität in der zeitgenössischen deutschsprachigen Literatur.* Frankfurt/M [u.a.]: Peter Lang, S. 127-135.

Varna, Sacha (2001): „Pinkeln im Majakowski-Theater. Wladimir Kaminers Kuriositätenkabinett: ‚Militärmusik', ein realsatirischer Episodenroman" [Rezension], in: *Frankfurter Rundschau*, 8.12.2001.

Wanner, Adrian (2008): „Russian Hybrids: Identity in the Translingual Writings of Andreï Makine, Wladimir Kaminer, and Gary Shteyngart", in: *Slavic Review*, Vol. 67, No. 3 (2008), S. 662-681.

Wiedenroeder-Skinner, Dagmar (2004): „‚Alle Fantasie ernährt sich von der Realität' – Wladimir Kaminer und die interkulturelle deutsche Ethno-Szene", in: *Glossen. Eine internationale zweisprachige Publikation zu Literatur, Film und Kunst in den deutschsprachigen Ländern nach 1945.* Verfügbar unter: http://www2.dickinson.edu/glossen/heft20/kaminer.html (27.03.2019)

Wilhelmer, Lars (2015): *Transit-Orte in der Literatur. Eisenbahn – Hotel – Hafen – Flughafen.* Bielefeld: transcript.

Wilpert, Chris W. (2015): „Traumatische Symbiose. ‚Juden, Moslems und ein paar einsame Christen' in Olga Grjasnowas *Der Russe ist einer, der Birken liebt*", in: Olszynski, Christina/Schröder, Jan/Wilpert, Chris W. (Hrsg.): *Heimat – Identität – Mobilität in der zeitgenössischen jüdischen Literatur.* Wiesbaden: Harrassowitz, S. 59-73.

Zaimoğlu, Feridun/Abel, Julia (2006): „‚Migrationsliteratur ist ein toter Kadaver'. Ein Gespräch.", in: Arnold, Heinz Ludwig (Hrsg.): *Literatur und Migration.* Text + Kritik Sonderband. München: Richard Boorberg, S. 159-166.

Zierau, Cornelia (2009): *Wenn Wörter auf Wanderschaft gehen... Aspekte kultureller, nationaler und geschlechtsspezifischer Differenzen in deutschsprachiger Migrationsliteratur.* Tübingen: Stauffenburg.